UNIVERSITÉ DE FRANCE.

ACADÉMIE DE STRASBOURG.

THÈSE

POUR LA LICENCE,

PRÉSENTÉE

A LA FACULTÉ DE DROIT DE STRASBOURG

ET SOUTENUE PUBLIQUEMENT

le Mercredi 19 Décembre 1849, à midi,

PAR

ALFRED SCHMITT,

de Belfort (Haut-Rhin).

STRASBOURG,

DE L'IMPRIMERIE D'ÉDOUARD HUDER, RUE DES VEAUX, 27.

1849.

1850

A MES PARENTS.

Affection filiale.

A. SCHMITT.

FACULTÉ DE DROIT DE STRASBOURG.

MM. RAUTER ✳ . . . . . . doyen et professeur de procédure civile et de législation criminelle.

HEPP ✳ . . . . . . professeur de Droit des gens.

HEIMBURGER . . . . professeur de Droit romain.

THIERIET ✳. . . . . professeur de Droit commercial.

AUBRY ✳. . . . . . professeur de Droit civil français.

SCHÜTZENBERGER ✳ . professeur de Droit administratif.

RAU . . . . professeur de Droit civil français.

ESCHBACH . . . . . professeur de Droit civil français.

BLŒCHEL ✳. . . . . professeur honoraire.

DESTRAIS. . . . . . professeur suppléant.

N. N. . . . . professeur suppléant.

WERNERT . . . . . . secrétaire, agent comptable.

MM. RAUTER, président de la thèse.

RAUTER,
HEPP,
HEIMBURGER,
DESTRAIS,   } examinateurs.

La Faculté n'entend ni approuver ni désapprouver les opinions particulières au candidat.

JUS ROMANUM.

DE RERUM LOCATIONE ET CONDUCTIONE.

CAPUT PRIMUM.

Notio locationis et conductionis.

Locatio-conductio, cum naturalis sit, et omnium gentium, non verbis, id est tantum ut stipulatio, sed consensu contrahitur, sicut emptio et venditio[1]. Nam proxima est emptioni-venditioni, iisdemque regulis juris constitit. Ideo ut emptio et venditio contrahitur, si de pretio convenerit, sic et locatio et conductio contrahi intelligitur, si de mercede convenerit. Adeo autem aliquam familiaritatem inter se habere videntur emptio et venditio, et locatio-conductio, ut in quibusdam causis quæri soleat utrum emptio-venditio, an locatio-conductio contrahitur[2].

1. L. 1. D. locat. cond.
2. Gaïus, Com. 3, § 145.

Formam et substantiam capit locatio-conductio, ex consensu contrahentium in hoc declarato, ut usus rei vel facta pro determinata mercede præstentur.

§ I. *Definitio.*

Unde locatio-conductio contractus definitur nominatus et consensualis de re aliqua fruenda vel facienda pro certa mercede. Perfectus est simul atque contrahentes consensum declaraverint, nisi expresse pacti sint, ut obligati esse nolint antequam conventio in scriptura redigatur. Tum non aliter perfectus est nisi et instrumenta locationis-conductionis fuerint conscripta, vel manu propria contrahentium, vel ab alio quidem scripta, a contrahentibus autem subscripta; et si per tabellionem fiant, nisi et completiones acceperint, et fuerint partibus absoluta.

§ II. *Species.*

Duplicis generis locationem-conductionem esse jam ex definitione patet proposita:

1° Locatio rei;

2° Locatio facti, quæ est vel locatio operarum, quando operæ illiberales pro certa mercede præstantur, vel locatio operis, qua opus conficitur pro certa mercede.

Sed de rerum locatione-conductione tantum loquamur, cujus objectum est duplex, quum sive res mobiles, sive prædia urbana, vel prædia ruralia locari possunt.

Generatim is qui rem fruendam, faciendam, curandamve collocat, locator, is vero qui suscipit, conductor vocatur. Speciatim in locatione rei, colonus dicitur prædii rustici, inquilinus prædii urbani conductor. Servus autem prædio adjunctus, dicitur etiam inquilinus. Is vero qui vectigalia publica conducit, Publicanus adpellatur, a fundo publico.

Colonus vel conductitius, vel nummarius, vel partiarius vocatur, quum sive cum certa fructuum pensione, sive cum nummis, sive cum quota fructuum parte mercedem solvit.

CAPUT SECUNDUM.

De rerum locatione-conductione.

De rerum mobilium locatione pauca et generaliter dicemus, de prædiorum vero locatione plura, quia istorum plus interest, et maxima fere pars legum quæ sub locati-conducti titulis scriptæ sunt, ad hanc locationem pertinent.

§ I. *De rerum locatione generatim.*

Duo conditiones sunt necessariæ ad rerum locationem et conductionem contrahendam: 1° Res fruenda; 2° Merces ad usum vel fructum rei solvendum.

Certa debet esse merces, vera, justa et in numerata pecunia consistere. Nam si forte rem aliquam tibi utendam vel fruendam quis dederit, et invicem a te aliam rem utendam sive fruendam acceperit, placuit non esse locationem-conductionem, sed contractum innominatum: *Do ut des*, cui actio *Præscriptis verbis* pertinet.

Quotiens autem sic composita est locatio-conductio, quanti ille æstimaverit, quasi sub conditione stat contractus: nam si ipse qui nominatus est, mercedem definit, locatio secundum ejus æstimationem ad effectum perducitur; sin autem noluerit, vel non potuerit mercedem definire, tune pro nihilo est locatio-conductio, quasi nulla mercede statuta [1].

Res omnes quæ sunt in commercio, mobiles et immobiles, corporales vel incorporales, locari possunt, dummodo non usu consumantur. Res etiam alterius locari potest, quasi cum creditor prædia sibi obligata ex causa pignoris locat [2].

Omnes locare-conducere possunt qui consensu se obligare queunt, nisi forsan lege prohibeantur: nam talis extat prohibitio in romano jure intuitu militum, curialium, tutorum et curatorum. Sed ad locandum et conducendum nemo cogi potest, nisi salutis publicæ ratio id postulet.

§ II. *De prædiorum locatione.*

Sicut cæterarum rerum sic et prædiorum locatio, consensu vel expresso vel tacito (tacita reconductio) et sine ulla solemnitate perficitur, nisi cum scriptura res agatur.

Non solet locatio dominium mutare. Sed cum longi temporis est locatio, id est ultra decennium, utile dominium transfert.

Prædia quoad maturam fundi dividuntur, quatenus urbana sunt vel rustica, et varias ob hanc differentiam, accipiunt regulas. Urbana prædia, omnia ædificia accipiuntur non solum ea quæ sunt in oppidis, sed et si forte stabula sunt, vel alia meritoria in villis et in vicis: quia urbanum prædium non locus facit, sed materia. Proinde hortos quoque, si qui sunt in ædificiis constituti, dicendum sit urbanorum appellatione contineri. Plane si plurimum horti in reditu sunt; vinearii forte, vel etiam olitarii, magis hæc non sunt urbana, sed rustica [3].

Prædia autem rustica vel privata sunt, vel publica, prout in do-

1. Inst. III, 23, § 1.
2. L. 23. D. de pign. et hypoth. — L. 12, § 2, D. de usuf.
3. L. 198. D. de verb. signif.

minio privatorum sivē in dominio civitatum municipiorumve possi-
duntur. Publicani vero coloni propriis regulis reguntur.

Qui impleto conductionis tempore, remansit in conductione, sciente
domino, non solum reconduxisse videtur, sed etiam pignora videntur durare obligata[1]. Si vero ignoravit dominus, non videtur consensisse, et si illo invito reconducit prædium, furti tenetur colonus
fructus percipiens.

Quum alius pro conductore in priore conductione res obligaverat,
hujus novus consensus erit necessarius in tacita reconductione[2].

Quod autem taciturnitate utriusque partis colonus reconduxisse
videtur, ita accipiendum est ut in ipso anno quo tacuerunt, videantur
eamdem locationem renovasse, non etiam in sequentibus annis, et si
lustrum forte ab initio fuerat conductioni præstitutum : sed et si se-
cundo quoque anno post finitum lustrum, nihil fuerit contrarium
actum, eamdem videri locationem anno in illo permansisse : hoc enim
ipso quo tacuerunt, consensisse videntur, et hoc deinceps in unoquo-
que anno observandum est, si quidem prædium hujus est naturæ, ut
annuatim fructus redderet. Sin autem bis in anno, aut lustratim red-
dit prædium, eadem reconductio censebitur. Quibus casibus pignora
in prædium rusticum invecta a colono et ejusdem coloni propria,
tacito quoque pignori locatori tenebuntur : at non ea quæ a tertio,
conductoris coloni nomine, data fuerint. Ita fiet ut aliena pignora in
tacita reconductione non obligentur, nisi accedat domini consensus[3].

In urbanis vero prædiis alio jure utitur : ut prout quisque habita-
verit, ita et obligetur : nisi in scriptis certum tempus conductione
comprehensum est. In his autem prædiis, si conductio non scripta fuit,
ita intelligitur contracta tacita reconductio, prout vel uti quisque
habitavit post finitam conductionem. Nam in rusticis prædiis solum uno
tempore, in urbanis autem quolibet anni parte fructus percipiuntur[4].

1. L. 13, § 11. D. loc. cond.
2. L. 13, § 11. D. loc. cond.
3. L. 13, § f. D. loc. cond. — Gothof., Comment.
4. L. 13, § f. D. loc. cond. — Gothof., Comment.

§ III. *De jure emphyteuseos.*

Quæsitum est utrum emptio et venditio, an locatio et conductio contrahatur de prædiis quæ perpetuo quibusdam fruenda traduntur, id est, ut quamdiu pensio sive reditus pro his domino præstetur, neque ipsi conductori neque hæredi ejus cuive conductor hæresve ejus id prædium vendiderit, aut donaverit, aut dotis nomine dederit, aliove quoquo modo alienaverit, auferre liceat. Sed lex Zenoniana lata est, quæ emphyteuseos contractui propriam statuit naturam, et suis pactionibus fulciendam [1]. Emphyteusis enim consensualis est contractus de utili dominio prædii; locatio-conductio autem pro usu fundi, nec utili pro dominio contrahitur.

Et ob easdem causas differt locatio prædiorum de jure superficiario quo agitur de superficiariis ædibus, quæ in conducto solo positæ sint, et quarum dominium, et civili et naturali jure ejus est, cujus et solum [2].

CAPUT TERTIUM.

Quænam ex prædiorum locatione-conductione oriuntur obligationes.

E prædiorum locatione-conductione duæ nascuntur obligationum species, vel quoad locatorem, vel quoad conductorem, quas hic vicissim exponemus.

1. J. III, 24, § 3.
2. D. 43, 18.

§ 1. *De locatoris obligationibus et jure.*

Rem ad usum quem locavit habilem præstare debet prædii conducti locator, per tempus conventione definitum. Si vero fundum locaverit, et sit evictus sine dolo malo culpaque ejus, nihilominus tenetur ex conducto ei qui conduxit : plane si dominus non patitur, et locator paratus sit alium fundum non minus fructuosum præstare, æquissimum est, et absolvitur locator [1].

Eodem modo, si usufructuarius non quasi fructuarius, sed quasi fundi dominus conductori locavit, ei tenetur, quia eum decepit.

Si fundum locavit dominus, ut etiam si quid vi majore accidisset, hoc conductori præstaretur, pacto stare debet ; quia non omnis sterilitas et cœli injuria, coloni, sed domini periculo est nisi aliud convenerit [2].

Generatim, calamitates omnes quibus resisti non potest, ut puta fluminum vim, vel hostium incursus, vel terræ motus, cunctaque onera quæ sunt ipsius fundi nec fructionis, veluti militum hospitium, colono dominus præstare debet.

Si fundum fruendum vel habitationem locaverit, posteaque aliqua ex causa fundum vel ædem vendat, curare debet, ut apud emptorem quoque eadem pactione et colono frui et inquilino habitare liceat : alioquin prohibitus, is aget cum eo de quod interfuisset frui vel habitare.

Quotiescumque usum conductor per culpam a locatore præstandam non consequatur, locator ad id quod interest, si casus impedimentum fecit, ad remissionem pensionis pro rata temporis tenetur.

Locator pensionem accipere debet, sive pecuniam, sive frumenti certum modum certo pretio, sicut convenerit. Ita autem pactum ut

---

1. L. 9, Pr. D. loc. cond.
2. L. 9, § 2 D. loc. cond.

colonus det certam quantitatem fructuum certo pretio, non adstringit ipsum locatorem, ut eam quantitatem invitus recipiat, sed cogit ut tantum e pensione remittat, quantum interfuerit conductoris fructus potius solvisse, quam pecuniam numeratam [1].

Ubicumque remissionis ratio habetur, non id quod conductori interest, sed mercedis exonerationem pro rata præstare debet locator. Si vero uno anno remissionem colono dedit ob sterilitatem, deinde sequentibus annis contigit ubertas, nihil obest ei remissio, sed integram pensionem, etiam ejus anni quo remissit, exigere potest. Si tamen novissimus est annus sterilis in quo pensio remittitur, etsi superiores uberes fuerunt, et scit locator, non debet ad computationem vocari [2].

Locator non impedire debet conductorem quominus re locata utetur intra tempus quod vel a partibus, vel usu est præfinitum, exceptis tamen casibus quibusdam, in quibus expulsis conductoris permissa est, veluti :

1° Si ipse ex necessitate improvisa re sua indigeat [3] ;

2° Si res necessaria indigeat refectione, quæ conductore inhabitante fieri nequit ;

3° Si conductor male in re versatus sit ;

4° Si merces bis non soluta. In conductione, biennii requiritur mora si conductor præsens, et pactum cum eo factum sit de non expellendo. In emphyteuta triennii requiritur mora. In aliis vero casibus, stat in mora conductor, statim priore pensione non soluta [4].

Denique si conductor necessarias et utiles in rem conductam fecit impensas, a locatore potest repetere, aut in pensionem imputare, si non sint solutæ [5].

1. L. 19, § 3. D. loc. cond.
2. L. 15, § 4 et 7. D. loc. cond.
3 .L. Æde, 3. C. loc.
4. L. 54 et 56. D. loc. cond. — Gothof., Comment.
5. L. 55, § 1. D. loc. cond.

§ II. *De conductoris obligationibus et jure.*

Conductor omnia secundum legem conductionis facere debet; et ante omnia curare debet colonus, ut opera rustica suo quoque tempore faciat, ne intempestiva cultura deteriorem fundum faceret.

Levem culpam, sive propriam, sive servorum et quorumcumque prædio induxit, suo nomine præstare debet conductor, etiamsi nihil convenit. Si hoc in locatione convenit, ignem ne habeto, et habuit, tenebitur conductor, etiamsi fortuitus casus admisit incendium, quia non debuit ignem habere[1]. Nam fortuitum casum præstat conductor, quoties quid facit in re conducta adversus pacta et conventa. Item, vitia quæ ex ipsa re conducta oriuntur, et omnia quæ non extra consuetudinem acciderunt, damno sunt coloni. Culpæ vero adnumeratur conductoris damnum quod propter inimicitias ejus acciderit[2].

Colonus totum, vel pro parte fundum locare potest, nisi aliud convenerit. Si fundum relocat, locatori res invectæ secundi conductoris non sunt obligatæ pro pensione. Sed locator fructus coloni, pro pensione pignoris nomine retinere potest etiam secundi[3].

Fundum sine justa causa vel majore vi, deserere nequit conductor, ne negligentia vel non usu deterius faciatur. Quum vero recedit, recedendi animum locatori denuntiare debet.

Usufructuarius fructuarium fundum locare potest in quinquennium; sin autem decesserit, non tenetur heres ejus conductori, ut ei præstet uti frui, quia ususfructus ea natura est ut morte fructuarii extinguatur. Sed ex locato tenetur conductor, ut pro rata temporis, quo fruitus est, pensionem præstet. In exustis quoque fundis, ejus temporis; quo fundum stetit, pensio præstanda[4].

---

1. L. 11, § 1er, D. loc. cond.
2. L. 25, § 4. D. loc. cond.
3. L. 25, § 1er, D. loc. cond.
4. L. 9, § 1er, D. loc. cond.

Pensionem secundum legem contractus justo tempore solvere, et cum usuris, si mora interveniat, debet conductor. Sed pensione exonerandus est, cum praedium fortuito casu interierit, aedes ruerint, vel pro justa causa migraverit conductor, vel fructus adhuc stantes et pendentes, plus quam tolerabile sit laesi fuerint, nam aequo animo modicum ferre debet colonus damnum.

Denique, finita locatione, rem in specie et statim, cum omni causa restituere debet conductor.

CAPUT QUARTUM.

De modis finiendi locationis-conductionis et actionibus ex locatione-conductione.

§ I. *Quomodo locatio finitur.*

Finitur locatio-conductio, expulsione conductoris, tempore constituto praeterlapso et jure locatoris resoluto, mutuo dissensu, rei locatae interitu, confusione, et pensione bis non soluta, minime vero morte contrahentium. Etenim heres conductoris, eodem jure in conductionem succedit, et heres locatoris contractum servare tenetur.

§ II. *Actiones ex hoc contractu.*

Duplex oritur actio ex hoc contractu, utrinque directa :

1° Actio conducti, conductori adversus locatorem ejusque heredem competens, ad rei conductae usum, refundendas necessarias et utiles impensas, damnumque resarciendum ;

2º Actio locati, locatori competens adversus conductorem ejusque heredes, ad solvendam mercedem, rem finito contractu restituendam et alias ex eodem susceptas obligationes adimplendas.

Alia autem adhuc actio datur locatori, Serviana appellata, a Servio prætore, ad ea persequenda quæ pignoris jure pro mercedibus fundi tenentur[1].

1. J. IV, 6, § 7.

DROIT CIVIL FRANÇAIS.

DU LOUAGE EN GÉNÉRAL

ET

DU LOUAGE DES CHOSES EN PARTICULIER.

(ARTICLES 1708 — 1778.)

INTRODUCTION.

Dans l'origine, quand les hommes en petit nombre n'avaient besoin pour vivre que de cueillir les fruits que la terre produisait
d'elle-même, qu'il n'existait entre eux d'autre commerce que celui qui
réunit comme par instinct les êtres de même espèce dans une com-
munauté d'existence, alors que les arts étaient inconnus et les sociétés
à naître, le louage n'avait aucun objet, l'occasion ou plutôt la nécessité
lui faisant défaut. Puis, quand les hommes se multipliant, formèrent

des associations, et que les besoins de la nature humaine firent inventer les arts, le plus faible ou le moins habile eut recours au plus fort ou au plus habile, et le premier devint l'obligé du second. C'est ainsi que se formèrent des conventions, des contrats, et c'est là, sans doute, que remonte l'origine du louage. La civilisation fit des progrès, les arts se développèrent et les besoins avec eux ; les hommes s'unirent davantage et se donnèrent des lois ; ils bâtirent des villes, des cités ; les relations, devenues plus nombreuses, accrurent le commerce ; le louage devint de plus en plus fréquent et nécessaire, l'usage et les circonstances en fixèrent les conditions et lui imposèrent des règles. Plus tard, enfin, quand on sentit la nécessité d'assujettir à des règlements fixes et certains les conventions qui se formaient entre les hommes, les législateurs s'emparèrent des usages qui avaient prévalu et les érigèrent en lois.

Restreint d'abord à des objets de peu d'importance et en petit nombre, le louage s'étendit successivement à tout ce qui matériellement pouvait faire l'objet d'un pareil contrat : des choses mobilières, il passa aux choses immobilières, aux fonds urbains et aux fonds ruraux.

On le voit donc, le louage fut engendré par la force des choses ; il est de Droit naturel, *omnium gentium*, de toutes les nations, comme le disaient si bien les jurisconsultes romains. Aussi, les législateurs ont-ils, en ce qui le concerne, laissé aux usages presque tout leur empire.

Suivons-le dans les développements qu'il a reçus à l'égard des fonds urbains et des fonds ruraux, et sans nous occuper de l'origine des termes, nommons-le bail à loyer quand il s'applique aux maisons, et bail à ferme quand il s'applique aux biens de campagne.

Partout où, comme à l'origine de Rome et probablement de toute société naissante, les maisons petites et rétrécies ne contiennent qu'une seule famille, quand chacun est obligé de cultiver de ses propres mains la portion de terrain qui lui est échue en partage, il n'y a pas de place pour le bail à loyer ni pour le bail à ferme. Mais quand la population s'accroît et qu'il n'est plus possible que chaque famille ait une habitation isolée, alors les maisons s'élèvent, et les étages se multiplient pour recevoir les nouveaux venus. Puis, comme les bras abondent, et que le sol est devenu la propriété des premiers occupants, les nouveaux venus mettent leur travail et leur industrie au service des propriétaires qui leur fournissent la matière productive. Voilà l'origine du bail à loyer et du bail à ferme.

Le bail à loyer n'est guère sujet à se modifier; il ne ressent que faiblement l'influence des révolutions, parce que ses besoins sont les mêmes à toutes les époques. Mais il n'en est pas ainsi du bail à ferme.

Le bail à ferme suit la propriété foncière dans les transformations qu'elle subit sous l'influence des révolutions qui agitent le monde. Tantôt la propriété foncière est concentrée dans un petit nombre de mains, tantôt elle se divise, suivant la condition politique de ceux qui la possèdent. Là où l'élément aristocratique prédomine, la classe des fermiers n'a pas encore d'existence réelle. Pour qu'elle puisse compter dans le dénombrement de la population comme élément sérieux de la prospérité politique, il faut qu'il y ait un noyau d'hommes libres, venant après la première occupation du sol, trouvant les places prises par les premiers arrivés, et cherchant à s'en créer une par leur travail[1]. Ainsi, nous voyons dans les républiques éminemment aristocratiques de Sparte, d'Athènes et de Rome, la culture des terres abandonnée exclusivement aux esclaves qui n'avaient d'autre privilége que celui d'être nourris aux frais du maître pour lequel ils travaillaient. Les fermiers ou colons n'apparurent que plus tard, quand les grands propriétaires, embarrassés de l'immensité de leurs terres, cherchèrent à les rendre plus productives, en intéressant les familles à la culture du sol, par des concessions de terrains, moyennant certaines redevances annuelles[2].

1. Troplong, Du Louage, préf.
2. Troplong, *loc. cit*.

La condition des colons varia à différentes époques. Elle était très-dure sous l'empire romain. Les colons ne différaient guère que de nom des esclaves. Ils étaient attachés à la terre qu'ils cultivaient, se transmettaient avec elle, et s'ils tentaient de s'enfuir, on pouvait les réclamer et les saisir partout où on les trouvait[1]. Ce système continua au moyen âge sous le régime féodal, seulement les colons prirent le nom de *serfs de la glèbe*. Cependant un changement favorable s'opéra au xe siècle. Les affranchissements se multiplièrent et les baux à long terme vinrent, sous des formes variées, améliorer le sort des cultivateurs. Tels sont l'emphytéose perpétuelle, le bail à comptant, le bail à cens, le bail à vie, les champarts *(campi pars)*, etc. Les colons cultivèrent la terre moyennant une redevance qui consistait quelquefois en argent, mais le plus souvent dans la moitié des fruits. Alors la féodalité, considérée dans ses rapports avec la classe des cultivateurs, ne fut plus autre chose qu'un vaste bail à ferme perpétuelle ou à colonage héréditaire[1].

Arriva enfin la révolution de 1789 qui renversa cet état de choses et changea la face de la société. La loi du 28 août 1792, qui est encore en vigueur aujourd'hui, rendit rachetables toutes les concessions perpétuelles, et de colon qu'il était, le cultivateur put devenir propriétaire. Le Code respecta l'œuvre de la révolution. Il garde un silence profond sur les baux à long terme. Nous n'avons pas à examiner ici si c'est à tort ou à raison. Notons cependant que la loi du 25 mai 1835 semble favoriser ces baux, en autorisant pour dix-huit années ceux des communes et des établissements publics.

Nous verrons, en examinant les principes du Code sur le louage, quelle est la condition actuelle des fermiers.

1. Sismondi, Histoire de la chûte de l'empire romain.
2. Troplong, Du Louage, préf.

PREMIÈRE PARTIE.

DISPOSITIONS GÉNÉRALES.

Nous suivrons dans notre matière la division du Code. Ainsi, nous parlerons successivement des espèces du louage et des choses qui peuvent être louées, puis nous passerons aux baux à loyer et aux baux à ferme. Et après avoir exposé dans la deuxième partie les règles communes à ces deux espèces de baux, nous examinerons les règles particulières à chacun d'eux.

CHAPITRE PREMIER.

Nature et espèces du louage.

Il y a, dit le Code, deux sortes de contrats de louage : 1° celui des choses, 2° et celui d'ouvrage.

Cette division est empruntée mot pour mot à Pothier qui lui-même l'avait empruntée au Droit romain. Il est vrai qu'elle ne se trouve pas spécialement désignée dans les lois de Justinien ; mais elle résulte de l'ensemble des textes, de même que les sous-divisions ou les espèces dans lesquelles se partagent encore ces deux genres.

On peut donc définir le louage, d'une manière générale, un contrat consensuel, synallagmatique et commutatif, par lequel l'une des parties s'oblige à faire jouir l'autre d'une chose pendant un certain temps, ou à faire quelque chose pour elle, moyennant un certain prix que celle-ci s'oblige de lui payer.

Nous avons dit *consensuel,* parce que ce contrat se forme par le seul consentement des parties ; *synallagmatique,* parce qu'il contient des engagements réciproques ; *commutatif,* parce que chacun des contractants se propose de recevoir autant qu'il donne [1].

Trois choses, comme cela résulte de la définition, forment la substance du contrat de louage : 1° la chose ou l'ouvrage loué ; 2° le prix convenu pour le loyer ; 3° le consentement des contractants.

Comme, en général, il n'y a pas de contrat sans objet, il ne peut y avoir de louage sans une chose ou un ouvrage qui en forme la matière. Il faut de plus que cette chose ou cet ouvrage soit susceptible d'un contrat de louage et qu'elle soit propre à l'usage auquel elle est destinée. Il suit de là que si la chose louée n'existait plus lors du contrat, ce contrat est nul. Mais il n'est pas nécessaire que la chose qui fait l'objet du contrat soit déterminée dans son espèce [2].

Il ne peut non plus y avoir de louage sans un prix convenu pour l'usage de la chose louée. Ce prix s'appelle loyer ou fermage. Il faut qu'il ait été convenu, qu'il soit exigible et sérieux ; mais il n'est pas nécessaire qu'il égale la valeur de la jouissance ou usage de la chose donnée à loyer [3]. Enfin le loyer doit être certain, déterminé et consister en une somme d'argent ; il n'est pas nécessaire qu'il soit exprimé par le contrat, pourvu qu'il y en ait un tacitement convenu et sous-entendu [4].

Cependant le principe que le loyer doit consister en une somme d'argent, reçoit une exception à l'égard des baux à ferme, auquel cas il peut être d'une certaine quantité ou d'une portion aliquote des fruits qui se recueilleront. Ainsi, les métairies se louent souvent pour une certaine quantité de grains par chaque année, les vignes pour une certaine quantité de vin, etc.

1. Pothier, Du Louage, n° 1.
2. Pothier, *loc. cit.*, n°ˢ 6, 7 et 8.
3. Pothier, *loc. cit.*, n° 36.
4. Pothier, n° 40.

S.

Le contrat de louage exigeant le consentement des parties contractantes, ne peut intervenir qu'entre personnes capables de contracter.

Ce consentement doit porter :

1º Sur la chose louée ;

2º Sur les qualités substantielles de la chose (l'erreur sur les qualités accidentelles n'annulle pas le contrat) ;

3º Sur l'espèce d'usage de la chose louée ;

4º Sur le temps que doit durer le bail ;

5º Sur le prix ou loyer ;

6º Sur la nature du contrat. Il faut que l'une et l'autre partie aient eu l'intention de contracter un louage.

Si les parties n'ont pu s'accorder sur l'un ou l'autre de ces objets, il n'y a pas de contrat.

Le louage des choses se subdivise en :

1º Bail à loyer, ou louage des maisons et des meubles ;

2º Bail à ferme, ou louage des héritages ruraux ;

3º Bail à cheptel, ou louage des animaux. Ce contrat donne lieu à une espèce de bail partiaire ; car le profit des animaux se partage entre le propriétaire et le fermier. Le bail à cheptel a des règles particulières.

Le louage d'ouvrage comprend.

1º Le loyer, ou louage du travail ou du service ;

2º Les devis, marché ou prix fait, pour l'entreprise d'un ouvrage, moyennant un prix déterminé.

Le contrat de *marché* ou *prix fait* n'est un louage que lorsque la matière est fournie par celui pour qui l'ouvrage se fait. Nous nous rangeons ici de l'opinion de M. Regnault[1] contre celle du jurisconsulte Paul, qui disait : «*Quum insulam œdificandam loco, ut sua impensa conductor omnia faciat, proprietatem quidem eorum ad me transfert, et tamen locatio est,*

______
1. Fenet, t. 14, p. 235.

locat enim artifex operam suam, id est, faciendi necessitatem.» Car, lorsque l'ouvrier ou l'entrepreneur fournit lui-même les matériaux, il se forme une sorte de double contrat, savoir : la vente des matériaux fournis et le louage de l'industrie de l'entrepreneur. Du reste, Paul semble se contredire lui-même, puisqu'il dit d'abord, en parlant des matériaux : «*proprietatem quidem eorum ad me transfert*», puis, en parlant du travail de l'ouvrier : «*locat artifex operam suam.*»

Les devis, marché ou prix fait ont, comme le cheptel, des règles particulières.

Comme il n'entre pas dans notre plan de traiter le louage d'industrie, nous allons passer au louage des choses et parmi celles-ci, nous nous occuperons principalement de ce qui concerne les baux à loyer et les baux à ferme.

CHAPITRE II.

Des choses qui peuvent être louées.

L'art. 1713 qui dit qu'on peut louer toutes sortes de meubles ou immeubles n'est que la conséquence ou plutôt la répétition de l'art. 1128 qui porte : «Il n'y a que les choses qui sont dans le commerce qui puissent être l'objet des conventions,» car il est évident que dans l'art. 1713 il est sous-entendu qu'on ne peut louer que les meubles ou immeubles *qui sont dans le commerce.*

Cependant le principe contenu dans les art. 1713 et 1128, reçoit, en ce qui concerne le louage, d'assez nombreuses exceptions, tant à l'égard des meubles qu'à l'égard des immeubles. En effet, il en est, parmi ces objets, qui peuvent être la matière d'une convention autre que le louage, sans pouvoir être loués, comme il en est qui peuvent être loués, sans pouvoir former le sujet de toutes autres conventions, sans exception, sans pouvoir être, par exemple, vendus. Nous ne citerons ici quelques-unes des choses tant mobilières qu'immobilières qui ne peuvent être l'objet d'un louage , soit parce que leur nature s'y oppose , soit parce que la loi le défend.

Ainsi, quant aux biens meubles, on ne peut louer :

1° Les choses fongibles, c'est-à-dire celles qui se consomment par le premier usage. En effet, le locataire ne pourrait les rendre suivant la loi du contrat de louage , s'il voulait en user. M. Troplong regarde , comme une exception à cette règle, les pailles et engrais placés dans une ferme pour l'amélioration des terres , et en même temps il fait une distinction entre ces pailles et engrais, et les minerais, bois, charbons, matières premières existant dans une usine et nécessaires à son roulement. Nous ne croyons devoir admettre ni l'exception ni la distinction, par les raisons que nous donne M. Troplong lui-même : c'est que, tant les pailles et engrais que les minerais , bois, charbons et matières premières sont , dans la location d'une ferme ou d'une usine , ou vendues ou prêtées à usage , suivant les cas, et que le locataire doit en représenter à sa sortie une égale quantité [1].

2° On ne peut louer une créance, car la cause du louage manquerait, le preneur ne pouvant jouir de la créance, puisqu'il est obligé de la rendre. Or, Pothier nous dit qu'il est de l'essence du louage qu'il y ait une certaine jouissance ou un certain usage d'une chose [2].

Quant aux choses immobilières, on ne peut louer :

1° Les choses qui sont dans le domaine public, comme, par exemple, les rues , les places, les grands chemins , parce que ces choses sont à l'usage de tout le monde.

2° Les choses consacrées au culte, comme les églises, les cimetières, quoiqu'on puisse louer les bancs ou les chaises qui sont dans les églises, la tonte de l'herbe des cimetières et l'émondage des arbres qui y croissent, par la raison que cet usage ne change rien à la destination spéciale de la chose [3].

1. Troplong, Du Louage, n° 83.
2. Pothier, Du Louage, n° 22.
3. Troplong, *loc. cit.*, n° 91.

3° Les offices dont on est investi, parce que les fonctions sont personnelles et que le titulaire peut seul les exercer, cet exercice exigeant des qualités inhérentes à la personne du titulaire.

4° Les servitudes constituées sur un immeuble au profit d'un immeuble voisin ne peuvent être louées séparément du fonds; mais elles peuvent se trouver comprises comme accessoires dans le bail de la chose à laquelle elles sont attachées, et le fermier en profite comme le propriétaire lui-même [1].

Ajoutons à l'énumération de l'art. 1713 qu'on peut aussi louer les choses incorporelles, comme, par exemple, un droit d'usufruit, un droit de superficie. Mais le principe reçoit également quelques exceptions. Ainsi, on ne peut louer un droit d'usage, un droit d'habitation, ces droits étant purement personnels et n'étant pas, par leur nature, susceptibles de cession.

Le louage des biens nationaux, des biens des communes et des établissements publics, est soumis à des règles particulières; nous ne nous en occuperons pas.

1. Troplong, n° 89.

DEUXIÈME PARTIE.

———— •

CHAPITRE PREMIER.

Des règles communes aux baux des maisons et des biens ruraux.

Les baux à loyer et les baux à ferme forment la matière la plus importante et la plus féconde du louage, celle aussi qui exige le plus de développements. Nous devons poser une observation avant d'entrer dans notre sujet. Parmi les principes que nous allons examiner, il en est qui n'appartiennent pas seulement aux baux de maisons et de biens ruraux, mais encore à toutes les espèces de baux. Et s'ils sont placés sous la rubrique limitative de ce chapitre, ce n'est pas notre faute, mais celle du législateur dont nous avons adopté les divisions.

SECTION PREMIÈRE.

DE LA FORME ET DE LA PREUVE.

Le louage étant un contrat purement consensuel, les parties ont la faculté de le former comme elles l'entendent, soit verbalement, soit par écrit, soit même par lettres missives, ou de toute autre manière.

Dans l'ancien Droit, certains biens pouvaient être affermés par l'autorité judiciaire; le Code civil en a autorisé la location par les personnes spécialement chargées de leur administration. Sous l'empire du Code, l'autorité judiciaire n'intervient dans le louage qu'au cas où plusieurs copropriétaires d'un immeuble ne pouvant s'accorder sur le choix d'un fermier ou sur les conditions du bail, il est nécessaire de recourir au bail par licitation, c'est-à-dire de louer en justice par adjudication au plus offrant[1].

Les parties peuvent contracter sous la condition que le bail sera rédigé par écrit. Dans ce cas, il n'y a encore qu'une promesse, et les parties peuvent se dédire jusqu'à l'exécution de cette formalité.

Les actes qui sont dressés du contrat de louage, soit par devant notaires, soit sous signature privée, n'ont d'autre but, d'autre effet que de servir de preuve au contrat ou de fournir des moyens d'acquérir des droits d'hypothèque et d'exécution[2].

Lorsqu'il n'a pas été dressé de bail par écrit, et que l'une des parties le dénie, la preuve par témoins ne peut en être admise, si le prix excède 150 fr. (art. 1341, C. civ.).

Que faut-il conclure si le prix est inférieur à 150 fr.? D'après l'art. 1341, la preuve orale devrait être admise; mais nous trouvons dans l'art. 1715 une exception à ce principe, en ce qui concerne les baux de maisons et de biens ruraux. Cet article n'admet pas la preuve testimoniale, *quelque modique que soit le prix*, et quoiqu'on allègue qu'il y a eu des arrhes données, quand le bail est fait sans écrit et n'a encore reçu aucune exécution. «Cette innovation, a dit M. Jaubert, nous a paru extrêmement sage; surtout elle sera utile pour cette classe nombreuse qui ne peut louer que des objets d'une valeur modique: un procès est leur ruine; il faut tarir la source de ces procès, en proscrivant dans cette matière la preuve testimoniale, et le serment peut seulement être déféré à celui qui nie le bail.»

S'il y a contestation sur le prix et s'il n'est déterminé par aucun écrit ni quittance, le propriétaire en sera cru sur son serment, si

---

1. Troplong, n° 103.
2. Pothier, Du Louage, n° 46.

mieux n'aime le locataire demander l'estimation par experts. Cette disposition serait souverainement injuste, si elle n'offrait cette issue au locataire. Car, si celui-ci se contente du serment du propriétaire, pouvant demander l'estimation par experts, il est censé s'en rapporter à la bonne foi de son bailleur et se soumettre à payer le prix que celui-ci déclarera.

Si le locataire succombe dans l'expertise, c'est-à-dire si l'estimation excède ce qu'il a déclaré, les frais de l'expertise restent à sa charge. Dans le cas contraire, ces frais restent à la charge du propriétaire.

Les art. 1715 et 1716 ne s'appliquent pas aux baux des choses mobilières, parce que leurs dispositions ne sont qu'une dérogation aux règles générales et qu'elles sont limitatives, c'est-à-dire qu'elles ne s'appliquent qu'aux baux des maisons et des biens ruraux, quoique ces articles soient précédés d'un autre, dont la règle s'applique à tous les baux sans exception. Mais il faut dire avec M. Troplong que l'art. 1714 est l'expression d'un principe de Droit commun qui existerait lors même qu'il ne serait pas formulé en loi [1].

Lorsque le bail est dénié et qu'il n'a reçu aucun commencement d'exécution, on ne peut pas plus en fournir la preuve par un interrogatoire sur faits et articles que la preuve testimoniale. A la vérité, l'art. 324 du Code de procédure civile autorise les parties à se faire interroger sur faits et articles *en toutes matières*, mais l'art. 1715 du Code civil apporte une restriction expresse à cette disposition, en disant que le serment peut *seulement* être déféré à celui qui nie le bail.

La preuve testimoniale n'est même pas admise lorsqu'il y a un commencement de preuve par écrit, soit qu'il s'agisse d'une somme de plus de 150 fr. ou d'une somme moindre. C'est encore une dérogation apportée par l'art. 1715 aux art. 1341 et 1347. En effet, l'art. 1347 dispose que la preuve testimoniale est admise pour les sommes plus fortes que 150 fr., lorsqu'il y a commencement de preuve par

1. Troplong, n° 110.

écrit. Mais dans ce cas, il assimile, dit **M.** Troplong, les matières qui dépassent 150 fr. à celles qui sont inférieures à ce taux. Or, l'art. 1715 n'admet pas la preuve testimoniale, *quelque modique que soit le prix* du bail, par conséquent moins encore pour les sommes excédant 150 fr. que pour celles inférieures.

Jusqu'ici, nous avons raisonné dans l'hypothèse où le bail n'a encore reçu aucune exécution. Dans le cas contraire, faut-il admettre par un argument *a contrario* fourni par l'art. 1715 qu'on peut administrer la preuve orale ?

Pour ce qui est d'abord des baux excédant la somme de 150 fr., admettre la preuve orale quand le bail a eu un commencement d'exécution , ce serait heurter l'art. 1341 qui exige que toute convention excédant 150 fr. soit passée par écrit [1].

Il y a pourtant un tempérament à la rigueur de ce principe. Voici ce que dit Boiceau : « Néanmoins, si par négligence , ou par trop de confiance et de facilité, le propriétaire a loué sa maison et n'a pas fait de bail par écrit, en ce cas *il ne faut pas qu'il agisse contre le locataire* qui occupe sa maison et qui dénie de l'avoir louée, *comme s'il y avait eu un bail verbal;* mais il doit plutôt intenter contre lui l'action qui s'appelle *in factum,* par laquelle il conclura à ce qu'il soit tenu, *en qualité de détenteur et d'injuste usurpateur,* de lui rendre les fruits par lui perçus de l'héritage en question ou les loyers de la maison , suivant l'estimation qui en sera faite ; car, *en faisant cette demande, ce ne sera pas prouver un bail conventionnel,* ce qui ne serait pas permis : ce sera uniquement prouver l'injuste détention du fermier ou du locataire, en conséquence de laquelle ce fermier ou ce locataire sont tenus en vertu d'un quasi-contrat ou d'un quasi-délit, parce que personne ne peut s'approprier les fruits d'une chose qui ne lui appartient pas ; c'est pourquoi , s'ils dénient cette détention du fonds , ou d'avoir habité cette maison, tout cela pourra être prouvé par témoins, *parce qu'il ne s'agit pas de prouver une convention, mais un fait»* [2].

1. Limoges, 30 juillet 1836. — Cassat. 11 janvier 1840.
2. Boiceau, De la preuve, ch. 14, n° 2.

S.

4

La preuve testimoniale doit au contraire être admise quand le bail est inférieur à 150 fr., et qu'il a reçu un commencement d'exécution ; car l'art. 1715 n'enlève au bail le bénéfice de cette preuve, que *s'il n'a pas encore reçu d'exécution.* Cet article étant une exception, doit être renfermé dans le cas précis qu'il prévoit [1].

Si tous les loyers cumulés excèdent la somme de 150 fr., il faut décider d'après l'art. 1345, que la preuve par témoins ne peut être admise.

Les promesses de bail entraînent, comme le bail lui-même, des effets obligatoires pour les parties. Elles doivent être assimilées aux locations faites sans écrit et non exécutées. On ne peut donc en autoriser la preuve par témoins, et le serment peut seulement être déféré à celui qui nie la promesse [2].

Si la promesse de bail a été faite avec des arrhes, il faut se régler sur les dispositions de l'art. 1590 du Code civil. Chacun des contractants est maître de s'en départir, celui qui a donné les arrhes en les perdant, celui qui les a reçues en restituant le double.

Il ne faut voir dans les arrhes qu'un moyen de se dédire et la représentation des dommages-intérêts en cas de dédit, ce qui est établi généralement par les usages, et ressort même de l'art 1715 qui refuse de voir dans les arrhes un *argumentum contractus*, une preuve du contrat.

S'il a été donné des arrhes et que le contrat ait reçu un commencement d'exécution, il devient définitif, et aucune des parties ne peut plus se dédire sans le consentement de l'autre, même en offrant d'abandonner les arrhes ou d'en restituer le double, suivant les cas. Les arrhes alors s'imputent sur le prix.

1. Troplong, no 115.
2. Troplong, **Du Louage**, no 122.

SECTION II.

DE LA SOUS-LOCATION ET DE LA CESSION.

Il faut réunir dans cette section les art. 1717 et 1753. Quoique le dernier soit inséré dans la section II du Code, il n'en est pas moins applicable aux baux à ferme autant qu'aux baux à loyer.

Le preneur a le droit de sous-louer et même de céder son bail, si cette faculté ne lui a pas été interdite. Elle peut lui être interdite pour le tout ou pour partie.

Mais le preneur ne peut, en usant de cette faculté, donner au sous-locataire plus de droits qu'il n'en avait lui-même. Il ne peut, par exemple, lui louer une maison bourgeoise pour en faire une auberge et il répond du fait du sous-locataire si celui-ci n'use de la chose en bon père de famille (art. 1728, C. civ.), comme le preneur lui-même devait le faire. Le preneur ne peut pas davantage louer la chose à des personnes exerçant une profession incommode, ou d'une moralité suspecte, ce qui pourrait être désavantageux pour le propriétaire. Il ne le peut, même s'il a été convenu dans le bail primitif, qu'il pourrait sous-louer *à qui bon lui semblerait*. Car, dans ce cas, il faut toujours supposer que le propriétaire a voulu laisser au preneur le choix de la personne, en tant que ce choix ne pourrait lui nuire [1].

La défense de sous-louer entraîne la défense de céder ; car, qui défend le moins, défend le plus.

La défense de céder entraîne également la probibition de sous-louer *pour le tout*, une pareille sous-location pouvant être considérée comme une cession de bail, et offrant au preneur trop de facilité pour éluder la prohibition. Mais elle ne défend pas la sous-location *pour partie*, à moins que le bailleur ne se soit exprimé formellement à cet

1. Troplong, n° 127.

égard, tout pacte obscur s'interprêtant contre lui. Cependant, ce n'est pas là une décision de droit ; le juge peut varier ses décisions suivant les circonstances et l'intention présumée des parties.

La défense de sous-louer ou de céder pour le tout n'entraîne pas la défense de sous-louer ou de céder pour partie et réciproquement.

Si malgré la prohibition, le bailleur donne plus tard son consentement exprès ou tacite à une cession ou à une sous-location, il est censé avoir renoncé à son droit et ne peut plus être admis à demander la résolution du bail, pourvu que le preneur puisse prouver ce consentement.

La violation de la défense n'entraîne pas la résiliation du bail de plein droit (art. 1184 du C. civ.) ; elle autorise seulement le bailleur à poursuivre la résiliation en justice. Il doit être fait droit à sa demande, lors même qu'il n'a souffert aucun dommage, lors même que le preneur lui offre des dommages-intérêts et remet les choses dans leur premier état ; car la clause de la prohibition doit être rigoureusement exécutée (art. 1717 du C. civ.). La jurisprudence de Paris, du Châtelet et d'Orléans dérogeait en certains cas, à la rigueur de la loi, mais le Code n'a pas admis ce tempérament[1].

Le locataire ou fermier qui a sous-baillé ou cédé, reste toujours obligé envers le locateur. Les rapports qui s'établissent entre le sous-locataire et le locataire principal, sont les mêmes que ceux qui se forment entre ce dernier et le propriétaire[2].

Si le locataire principal n'acquitte pas le paiement de son loyer ou fermage, le sous-locataire est tenu personnellement envers le proprié taire, mais seulement jusqu'à concurrence du prix de sa sous-location, ou de ce qu'il reste devoir au sous-bailleur. Il ne peut opposer des paiements qu'il a faits par anticipation, à moins que ce ne soit en vertu d'une stipulation portée dans le sous-bail, ou en conséquence de l'usage des lieux (art. 1753, C. civ.).

1. Pothier, n° 283.
2. Pothier, n° 282.

Le propriétaire a contre le sous-locataire une action directe; il peut saisir les effets garnissant les lieux occupés par ce dernier, pour les loyers ou fermages que lui doit le locataire principal (art. 820, C. de pr. civ.), mais seulement, bien entendu, jusqu'à concurrence de ce qui est encore dû à celui-ci valablement et sans fraude par le sous-preneur. *Res secundi conductoris sunt obligatæ pro obligatione primi conductoris usque ad quantitatem qua ipse secundus conductor tenetur* [1].

Si le locataire principal a encouru la résiliation du bail, le propriétaire ne peut, pour cette raison, expulser le sous-locataire, si celui-ci a rempli ses engagements. Il est de principe que la seule résolution du titre en vertu duquel le preneur a sous-loué, n'entraîne pas la résolution du sous-bail qu'il a consenti, lorsque son titre l'autorisait à passer ce sous-bail. C'est ce qui résulte par analogie de l'art. 1673 [2].

SECTION III.

DES OBLIGATIONS DU BAILLEUR.

Le contrat de louage impose au bailleur des obligations qui sont de la nature de ce contrat, tellement qu'il n'est pas nécessaire de les stipuler expressément pour qu'il en soit tenu [3].

Pour que le contrat de louage puisse recevoir son exécution, le bailleur doit délivrer la chose au preneur. Aussi cette délivrance n'est-elle pas seulement de la nature, elle est même de l'essence du louage des choses [4].

Le bailleur doit délivrer en outre tous les accessoires actuels et nécessaires de la chose, savoir : les clefs, le bûcher, le grenier, s'il s'agit d'une maison ; les pailles, les engrais et les fourrages qu'il est d'usage

---

1. Barthole, Sur la loi *Solutum*, D. *de pignoraticia actione*.
2. Zachariæ, t. 3, p. 23.
3. Troplong, n° 159.
4. Troplong, n° 159.

dans les lieux de laisser pour l'exploitation , s'il s'agit d'un bail à ferme [1]. Cependant, le locataire n'a pas le droit de jouir du logement que le maître s'est réservé , ni des jardins voluptuaires , ni des bois de haute futaie qui font partie de la chose louée , quoiqu'ils n'aient pas été expressément exceptés par le bail [2].

Le droit de chasse n'est pas un accessoire d'un domaine rural donné à bail. Car la chasse n'est pas un fruit du fonds, à moins que celui-ci ne soit destiné à la chasse et que la chasse n'en soit le revenu principal. *Venatio fructus fundi non est, nisi fructus fundi ex venatione constet* [3]. Il faut en dire autant de la pêche.

Le propriétaire est tenu de délivrer la chose en bon état de réparations de toute espèce (art. 1720 , C. civ.) , de manière à ce qu'elle puisse servir à l'usage auquel elle a été destinée (art. 1719 , n° 2 , du C. civ.), de l'entretenir dans cet état et d'y faire toutes les réparations nécessaires pendant la durée du bail. Il ne peut se soustraire à cette obligation, par la raison qu'il ne l'a pas expressément contractée avec le locataire ; cette obligation pèse sur lui de plein droit, et c'était à lui à stipuler qu'il serait dérogé, en ce qui le concerne, à l'art. 1720 [4]. Cependant le locataire peut consentir à prendre la chose dans l'état où elle se trouve.

Les frais de la délivrance sont à la charge du bailleur, ceux de l'enlèvement à la charge du preneur. Lorsque par suite d'un procès qui lui est intenté par un tiers, le bailleur ne peut pas mettre le preneur en possession de la chose louée, celui-ci peut faire prononcer la résiliation du bail , bien qu'avant qu'il ait été statué sur sa demande , le bailleur soit devenu à même de le faire jouir, en faisant écarter les prétentions du tiers [5].

---

1. Pothier, n° 54.
2. Pothier, n° 279.
3. L. 26. D. *de usuris*. — Comment. de Duaren et de Cujas sur la même loi.
4. M. Duranton, t. 17, n° 61.
5. Cassat. 7 nov. 1827,

La délivrance doit s'opérer au lieu où était, au temps du contrat, la chose qui en fait l'objet, à moins de convention contraire (art. 1609, C. civ.).

L'époque de la délivrance est réglée par la convention ou par l'usage des lieux. Si le contrat ne porte pas de terme, le locateur doit la délivrance aussitôt qu'elle lui est demandée[1], et s'il ne remplit pas son obligation, le locataire peut demander la résiliation du bail avec des dommages-intérêts (art. 1741, C. civ.), s'il n'aime mieux poursuivre sa mise en possession.

La loi impose encore au bailleur l'obligation de faire jouir paisiblement le locataire pendant la durée du bail, et le rend garant envers lui du trouble qui lui arrive et qui peut provenir de quatre causes :

1º De la force majeure ;

2º Des vices ou défauts cachés de la chose;

3º Des prétentions élevées par des tiers sur la chose;

4º Du fait du bailleur lui-même, s'il inquiète le preneur dans sa jouissance[2].

Examinons successivement ces quatre causes.

Les règles concernant la force majeure sont entièrement empruntées aux lois romaines. Ainsi, la destruction totale de la chose par force majeure ou cas fortuit, résout le bail de plein droit, puisqu'il devient sans objet : *Sed si ager terræ motu ita corruerit, ut nusquam sit, damno domini inesse : oportere enim agrum præstari conductori, ut frui possit* [3].

Si la destruction n'est que partielle, le preneur peut opter entre une diminution du prix ou la résiliation du bail. Car, *vis major, quam Græci vim divinam appellant, non debet conductori esse damnosa* [4].

Mais dans aucun de ces cas, le preneur ne peut exiger des dommages-intérêts (art. 1148, C. civ.). Encore faut-il que dans le second, pour

---

1. Pothier, Du Louage, nº 58.
2. Troplong, Du Louage, nº 184.
3. L. 15, § 2, D. loc. cond.
4. L. 25, § 6, D. loc. cond.

jouir du bénéfice que lui accorde la loi, il ait subi un dommage considérable, *plus quam tolerabile sit. Modicum damnum ferre debet colonus, cui immodicum lucrum non aufertur.*

C'est toujours au preneur à prouver le cas fortuit. *Allegans fortuitum casum, illum tenetur probare*[1]. Il peut même être chargé des cas fortuits par une stipulation expresse (art. 1772, C. civ.).

Disons en passant que l'art. 1772, qui parle des cas de force majeure, s'applique au louage de toutes espèces de choses, mobilières ou immobilières.

Le bailleur doit garantie au preneur, qu'il les ait connus ou non, des défauts ou vices de la chose louée, non pas de ceux qui la rendent seulement incommode, mais de ceux qui en empêchent l'usage[2]. Cette obligation donne au preneur contre le bailleur une action *ex conducto*, une espèce d'action redhibitoire pour obtenir la résiliation du bail, et la décharge du prix. De plus, si le bailleur a connu les vices de la chose, il doit au preneur des dommages-intérêts; mais s'il les a ignorés, il ne peut être contraint qu'à la résiliation du bail, à la restitution du prix, et nullement à une indemnité (art. 1646, C. civ.). Si les vices de la chose étaient connus du preneur lors du contrat, le bailleur ne lui doit plus de garantie, ni, par conséquent, de dommages-intérêts.

Le bailleur est également garant des vices qui surviennent pendant la durée du bail[3]. Il doit même des dommages-intérêts, lorsque le dommage causé au preneur provient du défaut d'entretien ou d'un vice de construction dans la chose louée (art. 1386, C. civ.).

Dans le trouble apporté à la jouissance du preneur, il y a deux cas à considérer. Le premier est celui où les tiers n'ont pas de prétentions sur la chose; le second, celui où ils prétendent y avoir un droit quelconque. Dans le premier cas, le preneur doit poursuivre en son nom

---

1. Troplong, *loc. cit.*, n° 221.
2. Pothier, n° 110.
3. Pothier, n° 112.

personnel les tiers qui le troublent dans sa jouissance ; le bailleur ne lui doit aucune garantie (art. 1725, C. civ.).

Dans le second cas, si le preneur est troublé par suite d'une action concernant la propriété du fonds, il a droit à une remise proportionnelle sur le prix de son bail, pourvu qu'il ait dénoncé le trouble à son bailleur (1726, C. civ.). S'il est lui-même cité en justice pour se voir condamner au délaissement de tout ou partie de la chose, ou à souffrir l'exercice de quelque servitude, il doit appeler le bailleur en garantie, et être mis hors d'instance, s'il l'exige, en nommant le bailleur pour lequel il possède (art. 1727, C. civ.).

Si le bailleur répond de la force majeure, il répond à plus forte raison de son fait personnel. Ainsi, il ne peut, pendant la durée du bail, changer la forme de la chose louée, ni en totalité, ni même en partie, si le preneur n'y consent. Il s'exposerait à une action en résiliation du bail ou en dommages-intérêts (art. 1723, C. civ.).

Cependant, s'il arrive que, pendant la durée du bail, le bailleur soit obligé de faire des réparations à la chose, le preneur doit les souffrir, quelque incommodité qu'elles lui causent. Seulement, ce dernier peut exiger une diminution du prix proportionnée au temps et à la partie de la chose dont il aura été privé, si ces réparations durent plus de quarante jours. Il peut même demander la résiliation du bail, si les réparations l'empêchent de jouir du logement qui lui est nécessaire à lui et à sa famille (art. 1724, C. civ.).

Le bailleur ne peut non plus troubler la jouissance du preneur en rendant la chose louée moins commode, par exemple, en donnant accès dans la maison dont le preneur occupe une partie, à des établissements bruyants ou contraires à la morale, et en grevant l'immeuble, si c'est un fonds rural, de servitudes qui n'existaient pas avant le bail, ou en cueillant les fruits, même en partie.

SECTION IV.

DES OBLIGATIONS DU PRENEUR.

Les obligations du preneur ne sont pas moins importantes que celles du bailleur. L'art. 1728 en indique deux qu'il appelle principales. La première est que le preneur doit user de la chose louée en bon père de famille, et suivant la destination qui lui a été donnée par le bail, ou suivant celle présumée d'après les circonstances, à défaut de convention.

L'art. 1728 distingue entre la jouissance en bon père de famille, et la jouissance suivant la destination de la chose, et cela non sans raison. En effet, le propriétaire peut, lui, user de la chose en bon père de famille, tout en en changeant la destination, s'il y trouve un avantage, tandis que le preneur n'a que la faculté plus restreinte de jouir dans les limites de la forme et de la nature actuelle de la chose, ou dans celles de la destination spéciale que lui a donnée le bail, sous peine de voir résilier le bail et de payer des dommages-intérêts, si le bailleur a souffert quelque dommage (art. 1729, C. civ.) [1].

La question s'est élevée de savoir si le propriétaire ne peut faire résilier le bail qu'autant que le preneur lui a causé un dommage, en changeant la destination de la chose, ou s'il le peut dans les deux cas, soit que le preneur ait fait de la chose un usage contraire à sa destination, soit qu'il ait seulement nui au bailleur par un usage préjudiciable, tout en conservant la destination de la chose. MM. Duranton et Duvergier ont résolu affirmativement la question dans le premier sens; mais il faut répondre par la négative, car la distinction établie par l'art. 1728 est formelle, et décide la controverse qui s'est élevée sur la disjonction *ou* de l'art. 1729.

1. Pothier, Du Louage, nº 189.

La seconde obligation du preneur que l'art. 1728 considère comme essentielle et principale, est celle de payer le prix aux termes convenus. Si le contrat n'a pas fixé de termes pour le paiement, il devra se faire à ceux auxquels il est d'usage de payer dans les lieux : *In contractibus veniunt ex quæ sunt moris et consuetudinis* [1].

Si le lieu du paiement a été exprimé dans le contrat, c'est dans ce lieu qu'il doit se faire. Sinon, il doit se faire au domicile du preneur (art. 1247 du C. civ.), et celui-ci doit en supporter les frais, s'il y en a (art. 1248 du C. civ.).

Une troisième obligation qui pèse sur le preneur, c'est de rendre la chose dans l'état où elle était quand il l'a prise à bail. Cependant, il n'est pas responsable de ce qui a péri ou de ce qui a été dégradé par vétusté, ou par force majeure, lors même qu'il a été fait un état des lieux. Ce n'est là qu'une conséquence du principe posé par l'article 1722.

Mais le preneur répond de son fait personnel, et même des dégradations et des pertes qui arrivent pendant sa jouissance par le fait d'un tiers, à moinsqu'il n'ait pas pu l'empêcher (art. 1732 du C. civ.). Il faut même dire que s'il a laissé perdre par non-usage une servitude établie en faveur de la chose qui lui a été louée, il est responsable aux termes de l'art. 1732, pourvu toutefois qu'il ait eu connaissance de la servitude [2].

S'il a été dressé, lors du contrat, un état des lieux ou de la chose louée, le preneur doit la rendre telle qu'il l'a reçue suivant cet état. Mais s'il n'a pas été fait d'état des lieux, le preneur est censé avoir reçu la chose en bon état de réparations locatives, à moins qu'il ne puisse prouver le contraire; et il faut observer qu'il peut faire cette preuve même par témoins et encore que l'objet du litige soit de plus de 150 fr., parce qu'il s'agit de prouver un fait et non une convention [3].

1 Pothier, Du Louage, n° 135.
2. Favre, sur la L. 11, § 2, D. loc. cond.
3 Duranton, t. 17, n° 101.

Le locataire répond de l'incendie, même lorsque le feu a été communiqué par une maison voisine, s'il y a eu négligence de sa part. Il ne répond pas de l'incendie qui arrive par cas fortuit ou force majeure, ou par un vice de la chose louée.

Lorsqu'il y a plusieurs locataires, ils sont solidairement responsables de l'incendie, à moins qu'il ne soit prouvé que le sinistre n'a pu commencer chez eux : s'il est prouvé que l'incendie a commencé dans l'habitation de l'un des colocataires, celui-ci seul en est tenu (art. 1734, C. civ.).

C'est toujours aux locataires, qu'il y en ait un seul ou plusieurs, qu'incombe la preuve qui doit les décharger de la responsabilité qui pèse sur eux.

Enfin, le locataire est tenu, par rapport à la conservation de la chose qui lui a été louée, non-seulemant de sa propre faute, mais encore de celle des personnes de sa famille ou de ses domestiques, ou des ouvriers qu'il fait travailler chez lui. Il est même tenu de la faute de ses sous-locataires[1]. Mais il serait peu équitable de rendre un aubergiste responsable des dégâts causés à la chose louée par les voyageurs qu'il reçoit dans son hôtellerie. *Caupo non præstat factum viatorum*[2].

Le locataire n'est pas libéré en abandonnant à son bailleur ses actions contre les auteurs du dommage, quoique celui-ci puisse les poursuivre directement, à la condition toutefois de prouver qu'ils sont en faute[3].

---

1. Pothier, Du Louage, n° 193.
2. *L. unic.*, § 6, D. *furti adversus nautbs.*
3. Troplong, n° 398.

SECTION V.

DE LA DURÉE, DE LA RÉSOLUTION ET DE LA TACITE RECONDUCTION.

Nous diviserons cette section en deux paragraphes. Dans le premier nous parlerons de la durée et de la résolution des baux à loyer et des baux à ferme; dans le second de leur tacite reconduction.

§ 1er.

De la durée et de la résolution.

La matière qui nous occupe est réglée par les art. 1736, 1737, 1741 et 1742 du Code. Nous parlerons plus tard du cas particulier de résolution de bail dont l'art. 1744 pose le principe.

Observons d'abord que la rédaction des art. 1736 et 1737 est vicieuse. A les prendre à la lettre, le congé ne serait nécessaire que lorsque le bail a été fait *sans écrit*, et non lorsqu'il a été fait par écrit. Mais d'un côté le bail écrit peut garder le silence sur le terme, et de l'autre les parties, tout en contractant verbalement, peuvent déterminer l'époque où le bail finira. Il est évident que dans le premier cas, le congé sera nécessaire, lors même que le bail a été fait par écrit et qu'il sera inutile dans le second, lors même qu'il n'y a pas eu d'écriture. Il résulte d'ailleurs de la discussion du Code que l'intention du législateur a été de faire dépendre la nécessité du congé, non de la forme donnée au terme. mais de sa détermination ou de sa non-détermination[1]. L'écriture est donc absolument indifférente[2].

1. Locré, XIV, 450.
2. M. Duvergier, t. 1, n° 485 et 486. M. Duranton, 17, 116.

D'un autre côté, quoique placés sous la rubrique des Règles communes aux baux des maisons et des biens ruraux, les art. 1736 et 1737 ne sont pas applicables aux baux à ferme dont la durée est réglée par d'autres principes (art. 1774 et 1775, C. civ.). Néanmoins l'art. 1736 ne concerne pas seulement les baux des maisons, mais encore tous les baux quelconques sans terme fixe, tels que baux de carrière, de mines, etc.; et c'est pour ce motif que nous en parlons ici.

Ceci posé, entrons en matière.

Lorsque le terme du bail a été fixé soit verbalement, soit par écrit, le bail cesse de plein droit à l'expiration du terme (art. 1737, C. civ.). Il n'est pas nécessaire dans ce cas de donner congé. Mais si le terme n'a pas été fixé, celle des parties qui voudra résilier le bail, devra donner à l'autre un congé dont les délais sont fixés par l'usage des lieux. Ces délais sont toujours réciproques. Ils varient d'un lieu à l'autre, et dans le même lieu suivant la nature de la location. Ainsi, à Paris, s'il s'agit d'une maison entière, d'un corps de logis ou d'une boutique sur la rue, le délai est de six mois, à raison de la difficulté à se procurer une location de même nature[1]. S'il ne s'agit que d'une ou de plusieurs chambres, le délai n'est que de trois mois.

Nous reviendrons sur cette matière en parlant des baux à loyer. Nous avons vu plus haut que le contrat de louage se résout par la perte fortuite de la chose, par la faute du bailleur et par celle du locataire. Il n'est pas résolu par la mort du bailleur, ni par celle du preneur, à moins de convention contraire. Ce principe reçoit exception dans deux cas :

1° Lorsque le locateur a fait le bail en qualité d'usufruitier de la chose ; l'usufruit s'éteignant avec la mort du locateur, il faut appliquer ici la règle : *Resoluto jure dantis, resolvitur jus accipientis.*

2° Lorsque le bail est fait pour aussi longtemps qu'il plaira au loca-

---

1. Troplong, Du Louage, n° 407.

39

teur : *Locatio precative ita facta quoad is qui locasset vellet, morte ejus qui locavit tollitur*[1]. Il en est de même si le bail est fait tant qu'il plaira au
locataire.

§ 2.

De la tacite reconduction.

La reconduction est un nouveau contrat de louage qui se forme
par le consentement tacite du bailleur et du preneur, après l'expiration d'un premier bail, et dont l'objet est le même que celui du premier contrat. Elle repose sur ce que le louage étant un contrat qui
ne requiert aucune solennité, le consentement même tacite des parties contractantes suffit pour le rendre valable.

La reconduction existait dans le Droit romain qui la transmit à
l'ancienne jurisprudence. L'Assemblée constituante de 1789 l'abolit
pour les biens de campagne[2]. Mais lors de la discussion du Code civil,
elle fut admise de nouveau sur les raisons données par MM. Treilhard
et Berlier, malgré l'opposition de M. Tronchet qui défendait l'œuvre
de la Constituante.

De ce que la reconduction n'est fondée que sur le consentement
des parties, il s'ensuit que, si à l'expiration du premier bail, l'une
d'elles est incapable de donner son consentement, la reconduction
ne peut plus s'opérer que par la tolérance du curateur de cette personne, si elle est en démence, ou de son héritier, si elle est morte.
*Si interim dominus furere cœperit, vel decesserit, fieri non posse Marcellus ait
ut locatio redintegretur*[3].

La reconduction n'étant pas la continuation du premier bail, mais
un bail nouveau, quel est le sort des cautions et des hypothèques atta-

1. L. 4, D. loc. cond.
2. Loi du 28 septembre 1791, art. 4, section 2, t. 1.
3. L. 14, D. loc. cond.

chées au bail primitif? A l'égard des cautions, comme elles n'avaient
été données que pour la sûreté du premier contrat, elles ne peuvent,
sans le consentement des tiers qui les avaient fournies, s'étendre au
second. Cette règle se trouvait déjà dans le Droit romain [1]. Cependant,
les cautions subsistent tant que les obligations résultant du premier
bail, auxquelles elles étaient attachées, n'ont pas été remplies [2]. Quant
aux hypothèques que le locataire a données sur ses propres biens lors
du premier bail, elles ne passent plus comme dans le Droit romain [3],
à la reconduction, par la raison que les hypothèques ne résultent
plus d'une simple convention, mais d'un acte judiciaire ou extra-ju-
diciaire ou de la loi [4].

Comme la reconduction n'est accompagnée d'aucune formalité ver-
bale ou écrite de la part des parties, celles-ci sont censées contracter
sous les mêmes conditions que précédemment, sauf en ce qui concerne la contrainte par corps pour laquelle il faut un nouveau consentement, les cautions et hypothèques dont nous avons parlé plus haut,
et enfin le terme dont nous allons nous occuper.

La tacite reconduction étant, comme nous l'avons dit, un bail sans
écrit dont la durée n'a pas été fixée, retombe sous l'empire de
l'art. 1736. Le preneur ne pourra expulser le locataire qu'en se con-
formant aux art. 1736 et 1759, s'il s'agit de baux de maisons, c'est-à-
dire en donnant un congé dont le délai est réglé par l'usage des
lieux, et à l'art. 1774 s'il s'agit de baux de biens ruraux.

Quelle est la durée de l'occupation nécessaire pour opérer la tacite
reconduction? La solution de cette question variait sous l'ancienne
jurisprudence, suivant les coutumes, de un jour jusqu'à huit [5]. Le
Code a adopté un système plus uniforme. M. Jollivet, lors de la discussion, proposa d'ajouter à l'art. 1738 ces mots : «Est laissé en pos-

1. L. 13, § 11, D. loc. cond.
2. Pothier, Du Louage, n° 268.
3. L. 13 précitée.
4. Pothier, *loc. cit.*
5. Loisel III, t. 6, n° 10. — Cout. de Sens, 258.

session pendant le temps nécessaire pour faire présumer qu'il y a tacite reconduction, il s'opère un nouveau bail, etc.» Cette rédaction n'a pas trouvé place dans la rédaction définitive, quoiqu'elle ait été adoptée. C'est donc un oubli, et elle n'en subsiste pas moins. C'est là une question d'appréciation laissée aux juges qui doivent surtout se conformer aux usages.

Le bailleur peut empêcher la tacite reconduction, même lorsque le preneur a continué sa jouissance, en lui signifiant un congé. S'il a été convenu dans le premier bail qu'il n'y aurait pas de tacite reconduction, cette convention suffit pour l'empêcher. Mais si le bailleur veut renoncer à son congé, si les parties veulent rompre leur pacte, la continuation de la jouissance du preneur tolérée par le bailleur, peut encore opérer la tacite reconduction,

Les principes que nous venons de développer s'appliquent à la reconduction des meubles, avec la différence que celle-ci n'a lieu que pour le temps pendant lequel le preneur gardera les meubles du consentement du locateur. Tel est l'usage, et l'usage est souverain en cette matière [1].

SECTION VI.

DE L'EXPULSION DU LOCATAIRE.

Il est hors de doute que le bailleur peut vendre ou aliéner, à quelque titre que ce soit, la chose louée, s'il en est propriétaire. Examinons quels sont, dans ce cas, les droits et les devoirs respectifs du preneur, du bailleur et du nouvel acquéreur.

La matière qui nous occupe était réglée dans le Droit romain par deux lois célèbres, la loi *Emptorem* et la loi *Æede*. La première décidait que l'acheteur ou tout autre successeur particulier n'était pas tenu

---

1. Troplong II, n° 461. — Pothier, Du Louage, n° 371.

d'entretenir le bail passé par le vendeur. Cette loi est commune à toutes les espèces de louage. La seconde autorisait le propriétaire à expulser le locataire pour occuper lui-même sa maison. Comme elle est particulière aux baux à loyer, nous aurons l'occasion d'y revenir.

La raison de la loi *Emptorem* se trouve dans la différence profonde qui séparait le *jus ad rem* du *jus in re*. Le successeur à titre particulier, légataire, donataire, acheteur ou usufruitier avait un droit *in re*, un droit absolu sur la chose, tandis que le locataire n'avait qu'un droit *ad rem*, un droit à la jouissance de cette chose. *Et hæc ratio est, quia colonus non habet jus in re quam conduxit; legatorius vero, donatarius, fructuarius, emptor, habent jus in re. Et merito igitur præferuntur colono* [1]. La rigueur de cette loi fléchissait cependant en faveur des baux emphytéotiques, des biens fiscaux, et lorsque l'aliénation était faite sous la condition expresse de respecter le bail. Le locataire évincé conservait contre le locateur une action en dommages-intérêts.

La loi *Emptorem* [2] avait passé dans l'ancienne jurisprudence par respect pour les principes. L'Assemblée constituante l'abrogea dans l'intérêt de l'agriculture, à l'égard des baux des biens ruraux, et enfin le Code en a complété la ruine par l'art. 1743 qui porte que « si le bailleur vend la chose louée, l'acquéreur ne peut expulser le fermier ou locataire qui a un bail authentique ou dont la date est certaine, à moins que ce droit ne lui ait été réservé par le contrat de bail. » On le voit, cette législation donne au preneur un droit réel, inhérent à la chose, et le bailleur ne peut l'aliéner que restreinte comme elle l'est par ce droit, parce que *nul ne peut transmettre plus de droits qu'il n'en a lui-même*. M. Mouricault invoqua ce principe dans son rapport lors de la discussion du Code [3].

Le bailleur peut se réserver le droit d'expulser le preneur en cas d'aliénation de la chose; l'art. 1743 l'y autorise formellement. Voyons

---

1. Cujas, sur la loi 120 (Rép. d'Ulp. 1. 2).
2. L. 9, C. loc.
3. Fenet, t. 14, p. 331.

quelle sera dans ce cas l'indemnité que le bailleur devra payer au preneur, s'il n'y a pas eu de stipulation sur les dommages-intérêts.

Cette indemnité varie suivant la nature de la chose louée et aliénée. S'il s'agit d'une maison, d'un appartement, ou d'une boutique, le bailleur doit au locataire évincé une somme égale au prix du loyer pendant le temps qui, suivant l'usage des lieux, est accordé entre le congé et la sortie (art. 1745). S'il s'agit de biens ruraux, l'indemnité sera du tiers du prix du bail pour tout le temps qui reste à courir (1746). S'il s'agit d'établissements qui exigent de grandes avances, tels que manufactures, usines, etc., l'indemnité sera réglée par des experts (art. 1747).

En outre, l'acquéreur ne peut user de la faculté qui lui a été réservée par bail qu'en avertissant le locataire, s'il s'agit d'une maison, au temps d'avance usité dans le lieu pour les congés, et au moins un an d'avance, s'il s'agit de biens ruraux (art. 1748). Lorsque l'aliénation a été faite avec pacte de rachat, l'acquéreur ne peut user de la faculté d'expulser le preneur que lorsqu'il est devenu propriétaire incommutable par l'expiration du délai fixé pour le réméré (art. 1751).

Le locataire ou fermier ne peut être expulsé qu'il ne soit payé par le bailleur ou par le nouvel acquéreur des dommages-intérêts qui lui sont dus (art. 1749). Mais l'acquéreur n'est tenu d'aucuns dommages-intérêts, si le bail n'est pas fait par acte authentique ou n'a point de date certaine (art. 1750).

La loi n'a pas voulu que le nouvel acquéreur fût tenu de respecter les baux sans date certaine, pour ne pas favoriser les fraudes[1]. Mais ces baux conservent leur force entre le bailleur et le preneur, et celui-ci a droit à des dommages-intérêts dont l'étendue est laissée à l'appréciation des juges[2].

On voit que la loi a fait au locataire la part du lion. A lui tous les avantages, tandis que la chose aliénée subit à l'égard du précédent

1. Treilhard (Fenet, t. 14, p. 251).
2. Zachariæ, t. 3, p. 27.

propriétaire et du nouvel acquéreur une notable dépréciation qui peut influer sur le prix que celui-ci doit payer, si l'aliénation est à titre onéreux.

CHAPITRE II.

Des règles particulières aux baux à loyer.

Le bail à loyer et le bail à ferme, outre les règles qui leur sont communes, ont chacun des règles particulières dont nous allons nous occuper, en commençant par les règles particulières au bail à loyer.

SECTION PREMIÈRE.

DE L'OBLIGATION DE GARNIR LES LIEUX.

La loi, pour sauvegarder les droits du propriétaire, lui accorde une hypothèque tacite sur les meubles que son locataire introduit dans la maison ou dans l'appartement qui lui est loué (art. 2102, C. c. et 819 C. pr. c.). Et pour que le privilége du locateur ne soit pas illusoire, pour qu'il ait une assiette réelle, la loi exige en outre que les meubles soient suffisants pour le garantir. Déjà la loi romaine avait accordé cette hypothèque au locateur [1] ; les coutumes la lui conservèrent. Le propriétaire, nous dit Loisel, peut contraindre son hoste de garnir sa maison de meubles *exploitables* pour seureté de son louage, et à dé- faut de ce, l'en peut faire sortir [2].

Que faut-il entendre par le mot « exploitables » ? Cela veut dire que

1. L. 4. D. *in quib. caus. pign.*
2. Loisel, L. 3, t. 6, n° 5.

les meubles doivent être de telle nature que le privilége du locateur puisse s'exercer sur eux. Car il en est qui échappent à son action. Tels sont :

1° Les pierreries, les bagues et joyaux, les obligations et les contrats. Ce ne sont pas des meubles destinés à garnir la maison.

2° Les meubles appartenant à des tiers et déposés momentanément seulement chez le locataire, tels que des marchandises placées chez lui à titre de dépôt, ou de consignation, ou pour être manufacturées, vendues ou transportées par lui [1]. Ces objets ne peuvent être le gage du locateur.

3° Les objets mobiliers déposés à tout autre titre que les précédents chez le locataire et appartenant à des tiers, pourvu que ceux-ci aient signifié au bailleur qu'ils en sont propriétaires ;

4° Enfin les meubles déclarés insaisissables par la loi.

La loi ne s'explique pas formellement sur la quantité des meubles dont le locataire doit garnir la maison louée ; elle dit seulement qu'ils doivent être suffisants. Mais que veut dire ce mot *suffisants ?* Les meubles doivent-ils être d'une valeur égale au montant des loyers de toute la location, ou seulement d'une partie ? Il est vrai que l'art. 2102 accorde privilége au bailleur pour tous les termes échus ou à écheoir. Mais cette disposition s'applique au cas où la déconfiture du locataire nécessite une augmentation de gages pour son créancier. Lorsqu'au contraire le bail ne fait que commencer, on ne peut pas prévoir que le locataire sera infidèle à ses engagements. D'ailleurs, la loi ne veut pas le contraindre à faire pour son mobilier une dépense au-dessus de ses ressources et de sa condition. C'est là une question de fait dont la solution peut dépendre d'une foule de circonstances dont il faut laisser l'appréciation aux tribunaux. Ainsi l'ont décidé MM. Delvincourt et Duranton, qui ont adopté à cet égard la coutume d'Orléans, suivant laquelle le bailleur était suffisamment garanti, quand les

____

1. L. 32, D. *de pign. et hypoth.*

meubles pouvaient répondre du terme échu, du terme à écheoir et des frais judiciaires[1] : *res non sunt amare tractandœ.*

Si le locataire ne garnit pas suffisamment la maison de meubles, le propriétaire peut demander en justice la résolution du bail et l'expulsion du locataire, à moins que celui-ci ne lui fournisse une caution, un gage, une hypothèque capables de répondre des loyers. Dans le cas où il s'agit d'un appartement garni, le bailleur ayant fourni lui-même les meubles, son privilége devient inutile, puisqu'il a sur ces meubles plus qu'un droit de gage, un droit de propriété.

Dès que les meubles sont entrés dans la maison, ils sont affectés au privilége du bailleur. Cependant, le locataire en conserve la propriété et la disposition, pourvu qu'il satisfasse à la sûreté du locateur, soit en laissant un mobilier suffisant, soit en fournissant une caution, un gage, une hypothèque.

Quoique les meubles n'aient pas de suite par hypothèque, la loi fait une exception en faveur du locateur (art. 2119, C. civ); elle lui permet de revendiquer, mais dans le délai de quinze jours seulement, les meubles déplacés sans son consentement. Ce délai court du jour du déplacement des meubles, s'il a été connu du propriétaire, et du jour où il en a eu connaissance, si le déplacement a été frauduleux (art. 2102, n° 1, C. civ.).

Quant au sous-locataire, il n'est tenu envers le propriétaire que jusqu'à concurrence du prix de la sous-location dont il peut être débiteur au moment de la saisie. Nous en avons déjà parlé plus haut.

Nous verrons plus loin qu'un semblable privilége est accordé au locateur d'un fonds rural.

---

1. **Delvincourt,** t. 3, notes, p. 201. — Duranton, t. 17, n° 157. — Orléans, t. XIX, art. 417.

SECTION II.

DES RÉPARATIONS LOCATIVES.

Comme nous l'avons vu, le propriétaire est tenu, dans l'intérêt de la jouissance du locataire, de réparer toutes les détériorations arrivées à la chose louée par vétusté, par force majeure ou cas fortuit, et indépendamment du fait ou de la faute du locataire. Mais l'usage et l'ancienne jurisprudence ont mis à la charge de celui-ci les réparations de menu entretien, qu'on appelle locatives.

Pour juger quelles réparations sont locatives, nous dit Pothier, on doit tenir cette règle que ce sont les menues réparations qui ont coutume de provenir de la faute des locataires ou de leurs gens, et qui ne proviennent pas de la vétusté ou mauvaise qualité des parties dégradées[1].

Le Code (art. 1754), admettant les principes de l'ancienne jurisprudence, met, s'il n'y a convention contraire, à la charge du locataire les réparations désignées comme locatives ou de menu entretien par l'usage des lieux. Il donne comme exemple les réparations à faire :

1° Aux âtres, contre-cœurs, chambranles et tablettes des cheminées. Le législateur a pensé que les dégradations souffertes par ces objets sont causées par la négligence du locataire qui a jeté le bois sans précaution dans le foyer, frappé les contre-cœurs par les coups réitérés des pelles et des pincettes, et qui, en poussant le feu trop vivement, a fait fêler ou détériorer les tablettes et les chambranles.

2° Au recrépiment du bas des murailles des appartements et autres lieux d'habitation, à la hauteur d'un mètre. La loi suppose qu'en déplaçant les meubles, en posant des tables et des chaises contre les murailles, le locataire a pu endommager l'enduit qui les recouvre.

____

1. Pothier, Du Louage, n° 219.

3° Aux pavés et carreaux des chambres, lorsqu'il y en a seulement quelques-uns de cassés. Si la plus grande partie des pavés et carreaux se trouve cassée ou détériorée, la loi présume qu'ils ont été endommagés par leur mauvaise qualité, par leur vétusté ou l'humidité. Dans ce cas, leur réparation est à la charge du propriétaire.

4° Aux vitres, à moins qu'elles ne soient cassées par la grêle ou autres accidents extraordinaires et de force majeure, dont le locataire ne peut être tenu.

5° Aux portes, croisées, planches de cloison ou de fermeture de boutiques, gonds, targettes et serrures.

Là s'arrête l'énumération du Code. Il s'en rapporte pour les autres réparations locatives à l'usage des lieux. Cependant, il laisse à la charge du bailleur le curement des puits et celui des fosses d'aisance (art. 1756, C. civ.).

En général, la loi ne met les réparations locatives à la charge du locataire que parce que le dommage qui les a nécessitées est censé provenir de sa faute ou d'un défaut de précaution dans l'usage de la chose. Il n'en est pas tenu quand les faits qui les ont rendus nécessaires résultent de l'usage de la chose ou sont la conséquence de sa destination.

Le locataire est également affranchi des réparations locatives, quand le dommage provient du vice de la chose ou d'un défaut de construction, de la force majeure, ou de vétusté. Mais il est tenu des obligations qui lui sont imposées par les art. 1382, 1383 et 1384 du Code.

Lorsqu'il y a plusieurs locataires dans la maison, et qu'il arrive des dégradations à une chose dont l'usage leur est commun, ils ne sont ni solidaires ni responsables l'un de l'autre. Les frais de réparation tombent à la charge du bailleur, à moins, bien entendu, qu'il ne soit prouvé que le dommage a été causé par l'un des locataires, auquel cas, celui-ci seul est tenu des réparations [1].

---

1. *Contra*, Pothier, n° 223. — Duvergier, t. 2, n° 25. — Arg. art. 1757, C. c.

SECTION III.

DES BAUX DE MEUBLES ET DES APPARTEMENTS MEUBLÉS.

Nous avons dans le chapitre précédent développé les règles communes aux baux à loyer et aux baux à ferme, et parmi elles nous en avons trouvé qui s'appliquent également aux baux des meubles. Nous n'y reviendrons pas, et nous passerons à l'examen de l'art. 1757 du Code, le seul qui concerne spécialement les baux de meubles.

Lorsque, sans fixer le terme de la location, on a loué des meubles destinés à garnir une maison entière, un corps de logis entier, une boutique ou tout autre appartement quelconque, il est évident que le locataire n'a pas eu l'intention de louer ces meubles pour un temps plus long que celui pendant lequel il occupera la maison, le corps de logis, la boutique ou l'appartement. Et si, de son côté, le bailleur ne s'est pas préoccupé du terme, on doit supposer qu'il a entendu louer les meubles pour le temps que durerait le bail principal. Voilà pourquoi l'art. 1757 dit qu'un bail de meubles destinés à garnir une maison entière, un corps de logis, etc., est censé fait pour la durée ordinaire des baux de maisons, corps de logis, boutiques, ou autres appartements, suivant l'usage des lieux.

Si la maison, l'appartement ou le corps de logis est loué pour un temps déterminé et que le locataire ait donné connaissance du terme au bailleur de meubles, le louage des meubles sera censé fait pour le même temps [1]. Si le locataire n'a pas donné connaissance du terme au bailleur de meubles, le louage des meubles sera censé fait pour le temps que l'usage des lieux détermine, parce que le loueur de meubles ne connaît pas les stipulations secrètes du bail principal, et que

____

1. Duvergier, t. 2, n° 233.

le preneur, en les lui laissant ignorer, lui a donné sujet de croire que sa position était réglée par l'usage local [1].

Nous avons dit plus haut que la reconduction a lieu pour les meubles, mais seulement pour le temps qu'il convient au preneur de les garder, à la différence de ce qui se pratique pour les maisons dont la reconduction, quant au temps, est réglée par l'usage des lieux, par la raison que la location des meubles peut commencer en tout temps, tandis que celle des maisons ne se fait qu'à certains termes d'usage.

Nous avons dit encore que la tradition de la chose louée s'opère au lieu où se trouvait celle-ci au temps du contrat. Cette règle souffre une exception quant aux meubles. L'usage astreint le loueur de meubles à les faire arriver à ses frais dans les mains de celui avec qui il a traité.

Quand un appartement meublé est loué à tant par an, par mois, par jour, la loi veut que le bail soit censé fait pour un an, pour un mois, pour un jour, quels que soient d'ailleurs les usages locaux. Quant aux baux d'appartements non garnis, lors même qu'ils ont été faits à tant par an, par mois, par jour, leur durée n'en est pas moins fixée par les coutumes locales. Dans ce cas, la fixation du prix à tant par an, par mois, par jour, n'a pour but que de régler la somme que devra payer le locataire pour le temps qu'il aura occupé l'appartement [2].

Si rien ne constate que le bail d'un appartement garni ait été fait à tant par an, par mois, par jour, la location est censée faite suivant l'usage local (art. 1758).

L'art. 1758 s'applique également aux baux des meubles.

1. M. Delvincourt, t. 3, p. 202, note 3.
2. Troplong, Du Louage, n° 604.

SECTION IV.

DE LA RÉSILIATION ET DE L'EXPULSION DU LOCATAIRE.

Nous diviserons la matière de cette section en deux paragraphes. Dans le premier, nous parlerons de la résiliation des baux à loyer, et dans le second, de l'expulsion du locataire.

§ 1er.

De la résiliation.

Nous avons, dans la 5e section du chapitre précédent, traité de la résiliation et de la tacite reconduction des baux à ferme et des baux à loyer. Disons quelques mots encore de la résiliation des baux à loyer, puis nous parlerons de l'expulsion du locataire d'une maison.

L'art. 1760 fixe l'indemnité que devra au bailleur le locataire qui l'aura, par sa faute, mis dans la nécessité de demander la résiliation du bail. Le locataire devra le prix du bail pendant le temps nécessaire à la relocation, c'est-à-dire pendant le temps ordinairement laissé au propriétaire pour s'assurer du nouveau locataire [1], et non pendant tout le temps que le propriétaire n'aura pas reloué. En sorte que le locataire doit le terme courant et le loyer du terme suivant, tel que le fixe l'usage des lieux [2].

De plus, si le locataire a commis des abus de jouissance, il doit des dommages-intérêts au bailleur.

1. M. Mouricault (Fenet, t. 14, p. 333).
2. M. Duranton, t. 17, n° 127. — M. Duvergier, t. 2, n° 79.

§ 2.

De l'expulsion du locataire.

La loi *Æde* 3, *C. Loc.* permettait au propriétaire d'une maison d'en expulser le locataire pour venir l'occuper lui-même. Ce droit arbitraire avait été maintenu par les coutumes et par l'Assemblée constituante de 1789. Le Code l'a formellement aboli (art. 1761). Cependant la loi *Æde* peut revivre par une convention spéciale. L'art. 1762 autorise le propriétaire à stipuler cette clause dans le bail. Seulement s'il veut user du droit qu'elle lui donne, il est tenu de signifier un congé aux époques déterminées par les usages locaux. S'il expulse le locataire sous prétexte d'habiter lui-même sa maison, pour y loger une autre personne, fût-ce même son gendre ou son fils, s'il fait ménage à part, il peut être condamné à des dommages-intérêts.

La faculté d'expulser le locataire peut être stipulée par tout bailleur quelconque, propriétaire, usufruitier, locataire principal. La loi profite à tous ceux qui peuvent passer un bail à loyer[1].

1. D. Delvincourt, t. 3, p. 201, notes.

CHAPITRE III.

Des règles particulières aux baux à ferme.

SECTION PREMIÈRE.

DES OBLIGATIONS DU PRENEUR.

Le bail à ferme se distingue sous plusieurs rapports du bail à loyer et principalement en ce que celui-ci ne procure au locataire qu'une jouissance oisive, et que celui-là exige du preneur un travail, une industrie destinée à féconder le sol confié à ses soins. Nous allons donc examiner les devoirs que la loi impose au fermier pour réaliser le but que la propriété attend de son travail et de son industrie.

I. La première obligation que la loi impose au preneur est celle de garnir la ferme des bestiaux et ustensiles nécessaires à son exploitation. «Cette obligation, dit Pothier, naît de la nature même du bail: car, étant obligé de jouir de la métairie en bon père de famille et de la cultiver, il s'ensuit qu'il doit avoir tout ce qui est nécessaire pour la culture[1].»

Ces bestiaux et ustensiles sont également affectés au privilége du bailleur pour le paiement des fermages. Mais comme son privilége peut s'exercer sur les fruits de la ferme (art. 2102, n° 1, C. civ.), il n'est pas nécessaire que les bestiaux et les instruments aratoires soient suffisants pour répondre du paiement des fermages, pourvu

---

1. Pothier, n° 204.

qu'ils soient proportionnés aux besoins de la culture[1]. Aussi, le bailleur peut-il, comme cela se pratique dans les pays de petite culture, fournir lui-même les bestiaux et les ustensiles à son fermier, à charge par celui-ci d'en remettre la valeur à la fin du bail.

II. En second lieu, le fermier ne doit pas abandonner la culture ; il ne doit négliger aucune des terres dont la jouissance lui a été confiée. *Fundi deterioris facti et cultura non exercitati culpa, arbitrio judicis, domino a conductore sarciri potest*[2].

III. Le fermier doit cultiver en bon père de famille, faire les travaux de culture en temps convenable, ne pas changer la destination de la chose louée, et se conformer, en général, à toutes les clauses du bail. Il ne peut divertir de la ferme les pailles et fumiers, parce que, «selon l'usage, nous dit Coquille, les pailles et fourrages sont destinés à *faire valoir le domaine*[3].

Quelquefois le bail à ferme contient une clause qui oblige le fermier à faire les voitures ou charrois, soit seulement des matériaux nécessaires pour les réparations de la ferme, soit de tous ceux dont le propriétaire aura besoin. Mais celui-ci ne doit pas exiger ces transports en temps inopportun, quand le fermier a besoin de ses chevaux et de ses voitures, comme à l'époque de la récolte ou au moment des semences[4].

Faute de remplir toutes ces obligations, le preneur peut être condamné à la résiliation du bail et aux dommages-intérêts résultant de son inexécution (art. 1764).

IV. Tout preneur de bien rural est tenu d'engranger dans les lieux à ce destinés d'après le bail ou d'après l'usage suivi dans la ferme. Cette obligation a pour but d'assurer le privilége du bailleur sur les fruits de sa ferme et de conserver intact son droit de suite et de reven-

1. Pothier, n° 318.
2. *Sententiœ Pauli*, L. 2, t. 18.
3. Coquille, sur Nivernais, t. 32, 19.
4. Pothier, Louage, n°ˢ 205 et suivant.

dication. Le fermier ne peut donc engranger dans un bâtiment appartenant à une autre personne que le propriétaire de la ferme, parce que le privilége du locateur de ce bâtiment primerait celui du bailleur de la ferme.

Disons encore, pour n'y plus revenir, quelques mots du privilége du bailleur de ferme. Nous avons dit au chapitre précédent comment ce privilége s'exerce de la part du locateur d'une maison et sur quoi il porte. Le privilége du bailleur de ferme porte non-seulement sur les meubles garnissant la maison qui sert d'habitation au fermier, mais aussi sur les fruits qui sont dans les bâtiments ruraux ou sur les terres, même quand ils sont encore pendants par branches et par racines. Si les fruits ont été déplacés sans le consentement du bailleur, il a le droit de les revendiquer dans les quarante jours (art. 2102, C. civ. ; art. 819, C. de pr. civ.).

V. Le preneur d'un bien rural doit, sous peine de tous dépens et dommages intérêts, avertir le propriétaire des usurpations, des troubles de fait et des entreprises qui peuvent atteindre le fonds affermé (art. 614, 1768, 1726 et 1727, C. civ.). Il doit donner cet avertissement dans le même délai que celui qui est réglé pour les assignations suivant la distance des lieux (art. 72, 73, 1033, C. de pr. civ.). L'avertissement peut être donné verbalement, par lettre missive ou par acte extrajudiciaire.

VI. Le fermier sortant doit laisser à celui qui lui succède dans la culture, les logements convenables et autres facilités pour les travaux de l'année suivante, et réciproquement, le fermier entrant doit procurer à celui qui sort les logements convenables et autres facilités pour la consommation des fourrages et pour les récoltes restant à faire. La loi a voulu concilier les intérêts du fermier qui quitte la ferme avec les besoins du fermier qui va la prendre. Mais elle n'a pu prévoir toutes les circonstances de cette transition et elle renvoie à l'usage des lieux (art. 1777).

Le fermier sortant doit de plus laisser les pailles et engrais de l'année, s'il les a reçus lors de son entrée en jouissance. Quand même il ne les aurait pas reçus, le propriétaire peut les retenir suivant estimation faite par experts. Ici, l'intérêt de l'agriculture domine l'intérêt de la propriété. Cette règle, observée par les Romains, fut respectée pendant les ténèbres du moyen-âge, consacrée par l'expérience de tous les temps.

VII. Le preneur peut être chargé par une clause du bail des cas fortuits. Mais cette stipulation ne s'entend alors que des cas fortuits ordinaires, tels que grêle, feu du ciel, gelée ou coulure, et non des cas fortuits extraordinaires, tels que les ravages de la guerre ou une inondation auxquels le pays n'est pas ordinairement sujet, à moins que par la clause, le preneur n'ait été chargé de tous les cas fortuits, prévus ou imprévus, sans exception.

SECTION II.

DU PAIEMENT DES FERMAGES ET DE LA REMISE DU PRIX.

Les principes généraux du paiement en matière de louage s'appliquent au paiement du canon ou fermage pour les fonds ruraux. Mais celui-ci est encore soumis à quelques règles particulières.

Le paiement du fermage peut être stipulé de quatre manières différentes. Il peut consister, soit en argent, soit en une partie aliquote des fruits, soit partie en argent et partie en fruits, soit enfin en argent ou en fruits au choix du fermier.

Le fermier doit s'acquitter suivant les conditions du bail. Il ne peut contraindre le bailleur à recevoir un prix différent de celui qui a été convenu. *Aliud pro alio, invito creditori solvi non potest*[1].

Le paiement doit se faire aux époques fixées par le contrat, ou, s'il n'y a pas d'époque fixée, aux termes usités sur les lieux. A défaut de

---

1. L. 2, § 1, D. *de reb. cred.*, 12, 1.

convention, il se fait au domicile du fermier, mais généralement il se fait à celui du bailleur, surtout quand il consiste en nature. Cependant, si le domicile du bailleur est trop éloigné de celui du fermier, il doit indemniser celui-ci des frais de transport. *Nemo facto alterius prægravari potest* [1].

La loi donne au fermier droit à une remise du prix de location, quand il éprouve, par force majeure, une perte ou diminution notable des fruits du fonds. Cette règle découle du principe général posé par l'art. 1722. Il faut que la perte soit considérable, *plus quam tolerabile læsi fuerint fructus* [2]. Le Code veut qu'elle soit au moins de la moitié des fruits.

Le principe de l'indemnité, passé du Droit romain dans le Droit canon, puis dans le Code, repose sur cette idée que les fruits, tant qu'ils ne sont pas perçus, font partie intégrante du fonds, et que leur perte ou destruction, par cas fortuit, enlève au fermier une partie de sa jouissance, ou même sa jouissance entière, si tous les fruits ont péri, et lui donne droit à une réduction proportionnelle sur le prix du bail.

Quant à l'évaluation de l'indemnité, il faut avoir égard à la durée du bail. Il peut être d'une année ou de plusieurs années.

Si le bail n'est que d'une année, l'art. 1770 décharge le preneur d'une partie proportionnelle du prix de la location, pourvu que la perte soit au moins de la moitié des fruits. Il faut observer que la loi entend parler ici de la moitié d'une récolte ordinaire et non de la moitié de la récolte présente. Le preneur ne peut pas exiger de dommages-intérêts (art. 1722). Ce serait aggraver la position du bailleur. *Conductor propter casum non agit interesse, sed ad exonerationem mercedis.* Quant aux semences, si c'est le fermier qui en a fait la dépense, il ne peut les répéter contre le bailleur; il est suffisamment indemnisé par la diminution du prix qu'il a obtenue; si c'est le propriétaire qui a fait

1. Pothier, n° 137.
2. L. 25, § 6, D. loc. cond.

l'avance des semences au fermier, et que le bail lui ait donné le droit de se les faire restituer comme accessoire de la chose, le fermier n'en reste pas moins tenu de cette obligation[1].

Si le bail est de plusieurs années, le Code, adoptant la règle établie par le Droit romain et par le Droit canonique, considère le bail comme un tout qu'il faut prendre dans son ensemble, et qu'on ne saurait scinder sans le dénaturer. Il ne donne au fermier droit à une remise du prix de la location que s'il n'est pas indemnisé par les récoltes précédentes.

Le preneur ne peut additionner les pertes de plusieurs années, il ne peut demander d'indemnité que pour la perte d'une seule; le bailleur, au contraire, peut lui opposer les gains de plusieurs années.

Si le fermier ne se trouve pas indemnisé par les récoltes précédentes, l'estimation de la remise ne peut plus avoir lieu qu'à la fin du bail. Il se fait alors une compensation de toutes les années de jouissances. Néanmoins le juge peut provisoirement dispenser le fermier de payer une partie du prix, en raison de la perte qu'il a soufferte.

Lorsque la perte des fruits arrive après qu'ils ont été séparés de la terre, le fermier n'a plus droit à une remise, à moins que le bail ne donne au propriétaire une quotité de la récolte en nature; celui-ci doit, dans ce cas, supporter sa part de perte, pourvu que la perte ne soit pas arrivée après qu'il eût mis le fermier en demeure de lui délivrer sa portion de récolte.

Le fermier ne peut également demander une remise du prix, si la cause du dommage existait avant l'époque où le bail a été passé, et si elle lui était connue.

Quid, s'il a été donné au fonds une contenance moindre ou plus grande que celle qu'il a réellement? Dans ce cas, il n'y a lieu à diminution ou augmentation de prix pour le fermier, que dans les cas et suivant les règles exprimées au titre de la vente (art. 1617, 1623).

---

1. Troplong, Louage, nos 722 et 723.

Ainsi, quand le bail a été fait avec indication de la contenance à raison de tant la mesure, s'il se trouve une contenance moindre, le bailleur est obligé de souffrir une diminution proportionnelle du prix.

Que si, au contraire, il se trouve une contenance plus grande que celle exprimée au contrat, le preneur a le choix de fournir le supplément du prix, ou de se désister du contrat, si l'excédant est d'un vingtième au dessus de la contenance indiquée.

Dans tous les autres cas, soit que le bail soit fait d'un corps certain et limité, soit qu'il ait pour objet des fonds distincts et séparés, soit qu'il commence par la mesure ou par la désignation de l'objet vendu, suivie de la mesure, l'expression de cette mesure ne donne lieu à aucun supplément de prix en faveur du bailleur pour l'excédant de mesure, ni en faveur du preneur à aucune diminution du prix pour moindre mesure, qu'autant que la différence de la mesure réelle à celle exprimée au contrat est d'un vingtième en plus ou en moins, eu égard à la valeur de la totalité des objets affermés, s'il n'y a stipulation contraire. Dans le cas où il y a augmentation de prix pour excédant de mesure, le preneur peut également fournir le supplément du prix ou se désister du contrat.

L'action en supplément de prix et celle en diminution de prix ou en résiliation du contrat doivent être intentées dans l'année à compter du jour du contrat, à peine de déchéance.

Dans le cas où il a été affermé deux fonds par le même bail, et pour un seul et même prix, avec désignation de la mesure de chacun, il y a lieu à compensation d'après les règles établies par l'art. 1623, au titre de la vente.

SECTION III.

DE LA DURÉE ET DE LA TACITE RECONDUCTION DES BAUX A FERME.

§ 1er.

De la durée des baux à ferme.

Si le terme du bail a été fixé par le contrat, le bail finit de plein droit à l'arrivée de ce terme. S'il n'y a pas eu de terme fixé, le bail est censé fait pour le temps qui est nécessaire, afin que le preneur recueille tous les fruits de l'héritage affermé, c'est-à-dire pour un an, lorsque la nature de l'héritage est telle que tous les fruits se recueillent dans une année. Tel est le bail d'un pré, d'une vigne, d'une terre à ensemencer en blé ou de toute autre manière.

Lorsque les terres labourables se divisent par soles ou saisons, le bail est censé fait pour autant d'années qu'il y a de soles. Il est évident que le fermier n'a entendu louer ces terres que pour recueillir les fruits de chacune des soles.

Lorsque la ferme comprend des terres assolées et des héritages dont tous les fruits se récoltent en une seule année, comme des prés, des vignes, le bail sera pour le tout d'autant d'années qu'il y a de soles. Dans une ferme de cette nature, les diverses productions se combinent les unes avec les autres. Ainsi, par exemple, les prés donnent les fourrages, ceux-ci nourrissent les bestiaux et les fumiers des bestiaux engraissent les terres labourables. Le bail ne pourrait donc être divisé sans les plus grands inconvénients [1].

Si le fonds affermé produit plusieurs récoltes par an, le bail n'en sera pas moins d'une année. On ne pourrait le réduire à six mois;

____

1. Troplong, Louage, n° 765.

car les diverses récoltes ne suivent pas la division du semestre. Ainsi, les regains ne se coupent pas six mois juste après les premières herbes. Et d'ailleurs, les deux récoltes ne sont jamais identiques, comme cela a lieu dans l'exemple que nous venons de citer [1].

Quelle est la durée du bail d'un bois taillis ? Le projet du Code contenait une disposition ainsi conçue :

«Le bail d'un bois taillis, lors même qu'il se partage en plusieurs «coupes, n'est censé fait que pour une coupe.»

La Cour de Rennes en fit la critique.

«Lorsqu'on afferme verbalement un bois taillis, disait-elle, on est «présumé en vouloir céder au preneur la jouissance intégrale. Si «donc le bois taillis se divise en plusieurs coupes, le preneur doit les «avoir toutes; autrement, si on ne lui en donne qu'une, ce n'est plus «le bois taillis qui lui est affermé, mais une partie ; ce qui est con-«traire à l'hypothèse d'une ferme de bois taillis dans son intégralité.»

La Cour de Rennes demanda que le projet fût réformé de la manière suivante :

«Le bail d'un bois taillis, lorsqu'il se partage en plusieurs coupes, «est censé fait pour l'exploitation successive de toutes les coupes.»

Cet amendement ayant été rejeté par la section de législation, M. Dufermon, qui avait déjà reproduit l'observation de la Cour de Rennes, insista de nouveau en invoquant les usages de la Bretagne.

Mais M. Tronchet pensa que ce motif et les autres considérations qui avaient été proposées, devaient décider à ne pas s'expliquer sur les baux des bois. Le conseil d'État s'est donc déchargé sur le juge de la solution de cette question.

Le juge devra rechercher dans l'intention des parties la durée du bail dont le terme n'a pas été fixé. S'il s'agit d'un bois taillis qui dépend d'une exploitation prise à bail, la jouissance du taillis appartient au fermier pour le temps qu'il doit jouir de la ferme, par la raison que le bois taillis n'est ici qu'un accessoire et que l'accessoire suit le

1. Troplong, n° 762. — Duvergier, II, n° 204.

principal. S'il s'agit d'un bois taillis seul, s'il a été pris à bail comme objet distinct, le juge devra décider conformément à l'observation de la Cour de Rennes, que le preneur jouira de toutes les coupes successives.

Les baux à ferme ayant donc toujours un terme fixé, soit par le contrat, soit par la nature du fonds affermé, ils cessent de plein droit à l'expiration de ce terme (art. 1775).

§ 2.

De la tacite reconduction des baux à ferme.

Si, à l'expiration des baux ruraux, le fermier est laissé en possession, il s'opère un nouveau bail dont la durée et les effets sont réglés par l'art. 1774. Cette règle ne s'applique pas seulement aux baux écrits, comme pourrait le faire croire l'art. 1776 qui ne parle que de ceux-là. La tacite reconduction étant un bail verbal peut avoir lieu pour les baux sans écrit comme pour les baux écrits.

La durée de la tacite reconduction pour les baux à ferme sera donc d'un an pour les terres dont le fermier peut recueillir tous les fruits dans une année. Elle sera d'autant d'années qu'il y a de soles, si les terres sont assolées.

Quant à la durée de l'occupation nécessaire pour opérer la tacite reconduction, il faut suivre les règles que nous avons posées pour la tacite reconduction des baux à loyer. Les juges devront surtout se conformer aux usages locaux.

DROIT ADMINISTRATIF.

DE LA VOIRIE EN GÉNÉRAL.

La voirie est cette portion de la police qui a pour objet tout ce qui concerne la voie publique. Elle constitue une branche importante de l'administration dont la direction est attribuée au ministère de l'intérieur. L'intérêt auquel elle pourvoit est multiple, il est à la fois politique, militaire et commercial. Une bonne voirie simplifie les moyens de transport et en augmente la rapidité, accélère les communications et les rend plus faciles et plus sûres; elle active le mouvement de l'industrie et du commerce, facilite l'approvisionnement des subsistances, la marche des armées, et en général toutes les relations sociales. Ce qui nous reste des voies romaines, témoigne de l'importance que les Romains, ce peuple éminemment progressif et civilisateur, attachaient à de bonnes routes.

La voirie comprend dans son acception la plus étendue, non-seulement ce qui concerne la police des voies elles-mêmes, mais encore la police des voitures publiques, du roulage, des chemins de fer, etc. Cette matière a été réglée par des ordonnances royales et des décrets du conseil encore en vigueur aujourd'hui, par la loi du 16 septembre

1807, par le décret du 16 décembre 1811, par la loi du 21 mai 1836, par celle du 5 juillet 1841, et par quelques autres plus secondaires.

La voirie se distingue en grande et en petite voirie.

La grande voirie embrasse toutes les communications d'un intérêt général , comme les routes nationales et départementales , et les rues qui en font partie ou en sont la prolongation.

La petite voirie comprend toutes les communications d'un intérêt purement local, comme les chemins de grande et de petite vicinalité. Elle se divise elle-même en deux branches, l'une rurale qui concerne spécialement les chemins vicinaux, l'autre urbaine, à laquelle peut se référer aussi ce qui concerne les rues des villages, et qui a spéciale- ment rapport aux habitations.

Il y a quatre espèces de voies ou chemins :

1° Les routes nationales de première et de deuxième classe, allant de Paris à l'étranger ou de Paris à une ville de province. Ces deux classes ne diffèrent que de nom et de largeur.

2° Les routes départementales qui vont du chef-lieu du départe- ment aux arrondissements, ou qui servent de communication entre deux départements.

3° Les chemins vicinaux de grande communication dont l'utilité s'étend à plusieurs communes.

4° Les chemins communaux ou de petite vicinalité qui ne dépen- dent que d'une seule commune.

Il est une autre division des chemins, moins importante, et dont nous ne parlons que pour mention, c'est celle qui les partage en che- mins publics et chemins privés. Les premiers sont ceux où toute per- sonne peut passer quand il lui plaît, à toute heure du jour ou de la nuit, et sans avoir besoin d'en demander la permission. Les seconds sont ceux qui appartiennent à des particuliers, sur lesquels nul n'a le droit de passer sans la création d'une servitude en sa faveur, et qui sont ordinairement fermés par une grille ou une barrière.

Les routes nationales sont à la charge de l'État, qui chaque année y pourvoit par des allocations au budget.

Les routes départementales sont à l'entretien proportionnel du département, des arrondissements et des communes qu'elles traversent.

La dépense des chemins de grande vicinalité est répartie proportionnellement entre les communes sur le territoire desquelles ils sont assis. Cependant, en cas de besoin, la loi donne droit, en faveur des communes, à une subvention sur les fonds et les centimes départementaux.

Les chemins communaux ou de petite vicinalité s'entretiennent sur les fonds de la commune dont ils dépendent. Cette commune a également droit à une subvention sur les fonds départementaux.

C'est au pouvoir exécutif qu'appartient la direction des travaux pour l'ouverture et l'établissement des routes. Les fonds une fois votés par le pouvoir législatif, le pouvoir exécutif fait faire le tracé de la route, fait l'acquisition des terrains sur lesquels elle devra passer, en fixe la largeur et le classement. C'est à lui de prendre les mesures relatives à l'entretien et à la restauration de la route. C'est à lui de pourvoir à ce que les communications soient promptes, faciles, libres et sûres. Mais le pouvoir législatif est seul compétent pour établir des lois générales sur la police de la voirie et l'administration des routes. Son action est également nécessaire pour l'ouverture et l'établissement des routes nouvelles, en ce que c'est lui qui vote les fonds nécessaires à l'établissement, aux réparations et à l'entretien des routes. Des lois particulières pourvoient à la création des chemins de fer.

Les routes sont à l'usage de toute le monde. Par cela même qu'elles sont dans le domaine public et que tous y ont un droit égal, elles ne peuvent être l'objet d'une transaction entre des particuliers. En un mot, elles ne sont pas dans le commerce. Aussi le sol des routes ne peut-il s'acquérir par la prescription, et le riverain qui a usurpé sur leur largeur, peut-il être dépossédé. Néanmoins, un terrain reconnu vague depuis longtemps et servant au pâturage, peut être acquis par prescription, bien qu'il soit prétendu avoir fait partie d'un chemin public par anticipation. Mais si les particuliers ne peuvent prescrire le sol des routes, l'État, lui, peut prescrire contre les particuliers les terrains sur lesquels les routes sont établies. L'autorité publique peut seule rendre au commerce les voies de communication qui, dès-lors, redeviennent prescriptibles.

Une autre observation à faire, c'est que le sol des routes n'est pas prescriptible, même dans le cas où le public ou le propriétaire de la route n'en ferait pas usage. Cette règle avait été déjà consacrée par le Droit romain : *Viam publicam populus non utendo amittere non potest* [1].

Outre le droit commun de passer librement sur les chemins, les propriétaires riverains ont encore sur eux des droits d'issue, de jour, d'égoût, sauf l'observation des réglements de police. Mais, d'un autre côté, ils sont tenus de quelques charges, comme de recevoir sur leurs fonds l'écoulement des eaux provenant de la pluie ou d'une inondation.

La grande voirie est dans les attributions des préfets et des conseils de préfecture. C'est le préfet qui donne l'alignement, permet ou refuse de construire ou réparer, ordonne la démolition des constructions donnant sur la voie publique, autorise ou défend l'établissement de toute saillie. Aux conseils de préfecture est laissée, sauf recours au conseil d'État, la connaissance et la répression de toute contravention aux règlements en matière de grande voirie. Mais ils ne peuvent statuer que sur les amendes, et non condamner à des peines corporelles.

Les contraventions en matière de petite voirie sont de la compétence exclusive des tribunaux de simple police ; celles relatives aux chemins vicinaux peuvent être, selon les cas, de la compétence des tribunaux civils, des tribunaux de police correctionnelle, des tribunaux de simple police et de celle des conseils de préfecture.

---

1. L. 2, D. 43, 11

En matière de grande comme de petite voirie, toutes les questions de propriété et de servitude soulevées soit entre l'État et des communes ou des particuliers, soit entre des communes et des particuliers, soit entre plusieurs particuliers, sont de la compétence exclusive des tribunaux civils.

Il appartient au préfet de rendre un arrêté qui enjoint aux propriétaires d'une usine, de détruire les travaux par eux faits sur une rivière traversant une grande route, et les autorise à les remplacer par d'autres plus conciliables avec les intérêts de leur usine et ceux des propriétaires riverains.

C'est également au préfet qu'il appartient de lever les différends qui peuvent surgir entre les agents des ponts et chaussées et les propriétaires riverains des grandes routes, à l'occasion des travaux d'ouverture ou d'entretien des fossés.

Il appartient encore au préfet d'ordonner par provision les réparations nécessitées par des délits. Mais le conseil de préfecture peut seul condamner le délinqnant à l'amende.

Si la contravention entraîne à la fois une amende et une peine corporelle, le conseil de préfecture ne peut condamner qu'à l'amende ; il doit renvoyer pour la peine corporelle au tribunal de police correctionnelle.

Il n'est besoin pour l'ouverture d'un chemin vicinal ni d'une loi spéciale, ni d'une ordonnance du pouvoir exécutif, ni d'une enquête préalable, comme cela est nécessaire en matière d'expropriation pour cause d'utilité publique. Il suffit d'un arrêté du préfet contenant désignation des localités ou territoires sur lesquels le chemin devra passer, et des propriétés particulières qui devront être cédées ou expropriées.

Les chemins vicinaux, reconnus et maintenus comme tels, sont imprescriptibles ; ils sont, sous ce rapport, assimilés aux grandes routes.

La police des chemins vicinaux se divise en police administrative et police judiciaire.

La police administrative a pour but l'entretien, la conservation, la commodité, la sûreté, la liberté, la propreté des chemins; elle s'exerce par le maire ou un adjoint délégué. Le maire peut faire des réglements qui, sanctionnés par le préfet, doivent être exécutés provisoirement, malgré tous les recours.

La police judiciaire a pour but la recherche et la poursuite devant les tribunaux des contraventions et des délits qui sont commis sur les chemins vicinaux. Elle est exercée par le préfet, le maire, l'adjoint, les commissaires et agents de police et les gardes-champêtres.

En matière de petite comme de grande voirie, la constatation des délits appartient à la police administrative, c'est-à-dire aux conseils de préfecture, et l'application des peines appartient à la police judiciaire, c'est-à-dire aux tribunaux de police ou de police correctionnelle. Les tribunaux de simple police sont exclusivement compétents quand l'amende ne s'élève pas au-dessus de quinze francs et que l'emprisonnement n'excède pas cinq jours. Les tribunaux de police correctionnelle sont compétents chaque fois que la peine excède quinze francs d'amende et cinq jours de prison.

Les infractions aux lois et réglements sur les chemins publics sont qualifiés *délits ruraux*. Les chemins vicinaux étant des chemins publics, l'action publique à raison des contraventions et délits commis sur ces chemins se prescrit par un mois.

Comme c'est le classement qui place les chemins dans le domaine public, le déclassement des grandes routes les fait rentrer dans le domaine de l'Etat, c'est-à-dire dans le domaine public national; le déclassement des chemins vicinaux les fait rentrer dans le domaine de la commune, c'est-à-dire dans le domaine public municipal.

FIN.

9 782014 053661